Peter M. Busler • Die Hallertau

Peter M. Busler

Die Hallertau

Porträt einer urbayerischen Landschaft

Ludwig

Entstanden unter Mitarbeit von
Elisabeth Busler-Krumpholz (Graphik, Trachtenkunde)
und Sylvia Martin

ISBN 3-7787-3365-6

Inhalt

Die Hallertau und ihre Geschichte

Dichter Nebel liegt über der matschig-nassen Fahrbahn. Nur vereinzelte Lichtreflexe entgegenkommender Fahrzeuge beleben den verhangenen Januarmorgen. Zu symmetrischen Gruppen vereinte Holzmasten erscheinen im Scheinwerferlicht, beiderseits der Straße, als faszinierendes Schattenspiel. Die winterliche Stimmung der vom frischen Weiß bedeckten Hügellandschaft verleiht den Pfählen das Aussehen moderner Graphiken. Acht Monate später werden an dieser Stelle grüne Paravents das Land in kleine Parzellen unterteilen. Es ist dann Erntezeit in der fast zu gleichen Teilen ober- und niederbayerischen Landschaft der „Hallertau". Dieses ca. 2400 qkm große, durch fünf Landkreise verwaltete Gebiet steht in unmittelbarer Verbindung mit dem – nach Wasser, Erde, Feuer und Luft – „fünften Element der Bayern", wie Freiherr von Kreittmayer scherzhaft das bayerische Bier bezeichnete.

Die Hallertau, das größte und traditionsreichste Hopfenanbauzentrum der Welt, liegt grob umrissen zwischen Abensberg nahe der Donau im Norden, dem Ampertal nahe der bischöflichen Residenzstadt Freising im Süden, Pfaffenhofen a. d. Ilm im Westen und Rottenburg a. d. Laaber im Osten. Folgt man den Hopfenpflanzungen, so dürfen im Norden, Westen und Osten über diese Begrenzung hinaus getrost noch einige Kilometer angehängt werden.

Über Jahrhunderte hinweg prägte die landwirtschaftliche Sonderkultur Hopfen – die spätestens seit dem bayerischen Reinheitsgebot, der berühmten Brauordnung von 1516, als wichtige Ingredienz aus dem Bier nicht mehr wegzudenken ist – das Land und die Mentalität seiner Bewohner.

Der Hopfen prägt aber nicht nur sein Anbaugebiet durch die typischen Produktionsstätten, die 7–8 m hohen Gerüstanlagen, sondern auch das Bier. Er verleiht nämlich dem Gerstensaft die Seele. Eine Seele, die nicht verborgen bleibt, sondern die man, wenn „o'zapft is", als feste Schaumkrone auf dem Bierseidel mit genußvollen Blicken bewundern darf. Der Hopfen gibt dem Bier also die „Blume" und den angenehm herb-bitteren Geschmack.

Genauso wie der Hopfen dem Bier die Seele verleiht, geben die Hallertauer ihre „Seele" dem Hopfen. Ein alter Hallertauer Spruch sagt: „Wer dem Hopfen einmal verfallen ist, kommt von ihm nicht mehr los." Vielleicht hat er deshalb die bekannte gleichmäßige Dolde, das hochfeine Aroma und den hohen Lupulingehalt. Diese Merkmale machen ihn weltweit äußerst beliebt und begehrt. Das große Engagement der Hallertauer Hopfenplanzer wirkt sich auch statistisch sehr positiv aus. Sie erwirtschaften auf rund 25% der landwirtschaftlichen Nutzfläche einen Jahresdurchschnittsertrag von rund 550 000 Ztr. 1982 lag die Ernte wegen der guten Witterung sogar um knapp 200 000 Ztr. über diesem Durchschnittswert. Die Erntemenge von 550 000 Ztr. reicht aus, um etwa mehr als ein Fünftel des jährlichen

Hopfengarten bei Dellnhausen

Welthopfenbedarfs zu decken. Das sind gewaltige Zahlen, wenn man in Relation hierzu die geringe Gesamtfläche der Hallertau betrachtet.

Trotz all dieser bedeutenden Fakten ist die Hallertau kein Land der Superlative. Im Gegenteil! Sie ist eine stille, ausgewogene Hügellandschaft mit überaus traditionsbewußten, geselligen und liebenswerten Bewohnern.

Außer dem mit rund 50 qkm Flächenausdehnung doch recht beachtlich großen Dürnbucher Forst, der sich im Norden der Hallertau zwischen den Flüssen Ilm, Donau und Abens und den Autobahnen München–Nürnberg sowie München–Regensburg erstreckt, zeigt sie ein ziemlich homogenes Landschaftsbild. Kein markantes Flußtal, kein auffallender Höhenzug bietet sich zur Unterteilung des Gebietes, das bei Sünzhausen, ca. 9 km östlich von Pfaffenhofen a. d. Ilm, mit 528 m über dem Meeresspiegel seinen höchsten Punkt erreicht.

Reizvolles liegt hier im Detail verborgen. Man findet es in den zahlreichen Marterln und Wegkreuzen genauso wie in einem netten Gespräch mit Pflanzern vor ihren Hopfengärten. Man findet es in der typischen Hallertauer Hügellandschaft, im „saugguten", wohlgehopften Bier, in kräftigen und zarten kulinarischen Genüssen und im Kulturgut aus Vergangenheit und Gegenwart. Nur suchen muß man diese Details. Die Hallertau war nie eine aufdringliche Landschaft, die einen mit außergewöhnlichen Eindrücken überhäuft. Sie hielt sich schon immer gerne verborgen, zu prähistorischen und historischen Zeiten noch mehr als jetzt.

Das spiegelt sich auch recht deutlich in ihrem Namen wider. Etymologen versuchten die Bildung des Flurnamens Hallertau bis zu seiner ursprünglichen Bedeutung zurückzuverfolgen. Aus der Vielfalt der Deutungsmöglichkeiten ergaben sich aber bislang nur zwei sinnvolle und halbwegs nachprüfbare Versionen. Die Wortforscher sind bei den Lösungsvorschlägen der Ansicht, daß sich der Name aus den drei Grundbestandteilen „Hal-hart-au" zusammensetzt.

Dr. Jh. B. Prechtl deutet den ersten Bestandteil „hal" als Ortsnamen. E. Wallner hingegen meint in seiner altbayerischen Siedlungsgeschichte, man müsse „hal" vom Verbum „helan" (hehlen, verbergen) herleiten. Mit „hart" wird, laut etymologischem Wörterbuch, ein waldiger Höhenzug oder ein Bergwald bezeichnet, und der dritte Bestandteil „au" hat dieselbe Bedeutung wie das noch heute gebräuchliche Wort „Aue" für ein „Land am

Alter Wegweiser in Loipertshausen

Nebel über dem Abenstal

Wasser", beispielsweise eine Flußniederung. „Hal-hart-au" bedeutet also in der ersten Version: Der Ort „hal", der an einem hügeligen Wald und einer Flußniederung liegt. Die zweite Version spricht von einem verbergenden, besser undurchdringlichen Wald an einer Flußniederung.

Johannes Aventinus, der Vater der bayerischen Geschichtsschreibung, verfaßte im frühen 16. Jahrhundert über das Quellgebiet der Abens folgende Zeilen, die auch auf den Flurnamen „Hallertau" hinweisen: „Abensperg... ligt im obern Baiern am wasserfluss zu latein Abis, Abenst oder Abinst, entspringt gegen mitternacht bey einem dorff haißt Haller und auch Hollerthaw."

Aventinus meint übrigens mit „mitternacht" keine Tageszeit, sondern die Himmelsrichtung Norden.

Mit Hallerthaw wurde anscheinend bis zum Beginn des 16. Jahrhunderts ein Dorf südlich des Quellgebiets der Abens bezeichnet. Im unmittelbaren Umkreis um die Abensquelle findet sich heute allerdings keine Siedlung, deren Ortsbezeichnung sich auf diesen Namen zurückführen läßt. Genauso vergeblich würde man einen „verbergenden, hügeligen Wald" suchen.

Die Abensquelle liegt am oberen Ende eines sanft geneigten, lichten Taleinschnitts, ungefähr 850 m westlich von Loipertshausen. Aus einem unscheinbaren Erdloch entspringt unter einem Getreidefeld ein mageres Rinnsal, das nach ungefähr 5 m einen kleinen Fischteich links liegen läßt. Unterdessen vereint es sich mit anderen Quellen, um sich nach 20 m zu einem kleinen Bach zu formieren. Ab hier beginnt dann die für einen Wasserlauf typische Vegetation. Gräser und Schilf säumen das Ufer. Es duftet nach Kräutern und Blüten. Der Wind trägt Kostproben heran: Johanniskraut, Wasserminze und Kamille.

Erst 2 km südlich dieser Stelle findet sich die Stätte, die Aventinus mit Hallterthaw bezeichnet hatte. Zwischen Holzhausen und Hirschbach erstreckt sich auf eine Länge von 2,5 km ein Mischwald, der noch heute die Bezeichnung „Holledau" trägt. Der am Nordrand dieses Gehölzes gelegene Ort Holzhausen könnte gut das Dorf sein, das Dr. Prechtl mit dem Namen „hal" in Verbindung brachte. Holzhausen trug früher den Namen „Halshausen". Mit dem weiter südlich von hier gelegenen Dorf Hirschbach eröffnet sich eine weitere historische Informationsquelle, welche die Aussage des Aventinus nur bekräftigt. Sein Landsmann, der Landmesser und Kartograph Philippus Apianus, verzeichnete in seinen Landtafeln von 1566 dieses Waldstück und gab dazu in seiner Topographie Bayerns unter dem Stichwort „Hirschbach, Dorf und Kirche" folgende Erklärung ab: „Der sich von dort (Hirschbach) gegen Osten nach Norden erstreckende Wald heißt Hallerthaw. Davon erhält fast der ganze Landstrich bis hin zur Ilm den gleichen Namen; er ist ganz voll von Hügeln und Wäldern." Das Waldgebiet zwischen Hirschbach und Holzhausen bildet also den eigentlichen Ursprung der Gebietsbezeichnung Hallertau. Von diesem Punkt aus breitete sich der Flurname zunächst auf das ganze Gebiet des ehemaligen Landgerichts Moosburg aus. J. A. Schmeller, ein

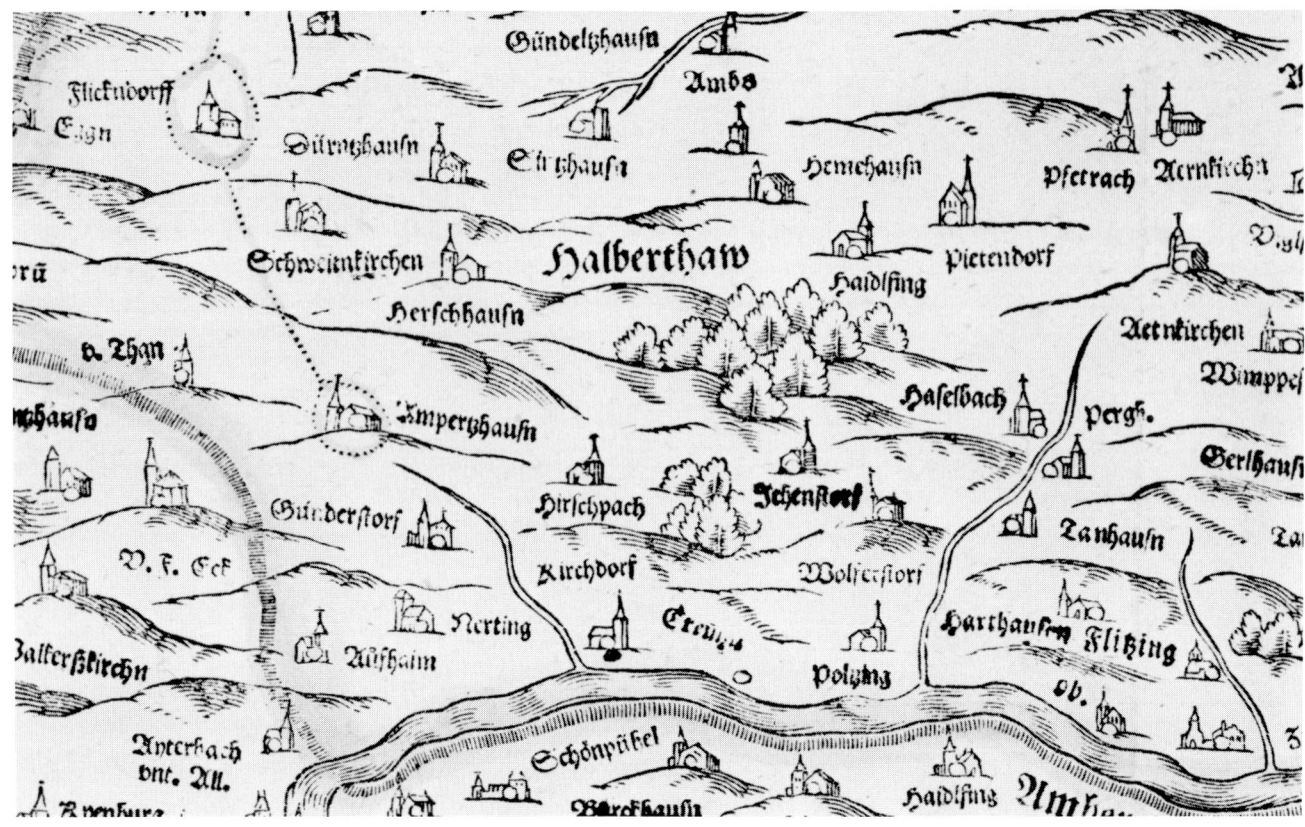

Landtafel von Philippus Apianus

bedeutender Sprachforscher, zitiert hierzu den alten Hallertauer Spruch: „Wolnzach, Nandlstadt und Au san die drei größten Städt' in der Hallertau". Da Mainburg als eigenes Pflegegericht nicht zum Landgericht Moosburg gehörte, zählte es, als jener Spruch entstand, noch nicht zur Hallertau. Mit der vielfachen Abänderung der alten Landgerichtseinteilung wurde die Hallertau zerrissen, und der Flurname begann sich allmählich auszuweiten. Dies wurde natürlich durch die Verbindung der beiden Begriffe Hallertau und Hopfenbau unterstützt. Ursprünglich hatte aber der Flurname zu Hopfen keinen Bezug.

Im Laufe der Jahrhunderte entwickelten sich fünf unterschiedliche Schreibweisen für den bedeutungsvollen Flurnamen: Holledau, Hollerdau, Halledau, Hollertau und Hallertau. Die letztgenannte ist heute die offizielle amtliche Form.

„Hal-hart" – undurchdringlicher Wald. Diese Deutung von E. Wallner vermittelt recht gut den urwaldhaften Charakter der prähistorischen Hallertau. Klima, Flora

und Fauna waren es, die die Besiedelung des „Urwaldes" uninteressant oder zunächst sogar unmöglich machten. Dies wird deutlich, wenn wir uns die Ur-Geschichte der Hallertau näher betrachten.

Können Sie sich das vorstellen: ein riesiges Meer mit Palmenstränden auf bayerischem Boden? Dieser Gedanke ist keine Fiktion, sondern vergangene Realität. Vor 20 Millionen Jahren bedeckte ein Ozean weite Teile des heutigen Bayern. Im Laufe von Jahrmillionen erfolgte dann schrittweise die Bildung der Alpen. Zuerst war von diesen nur ein Inselbogen, später eine Mittelgebirgslandschaft zu sehen. Das Meer floß ab, zurück blieb der flache ehemalige Meeresboden, der im Norden etwas höher lag als am Gebirgsrand im Süden.

Nachdem die Alpen zu dieser Zeit, im erdgeschichtlichen Tertiär, um gut die Hälfte nierdriger waren als heute, konnte kein alpines Gestein weiter als bis zur Hallertauer Südgrenze in der Höhe von Freising gelangen. Das Gebiet des tertiären Hügellands, das an dieser Grenze beginnt, erhielt ausschließlich Gesteins-

Hallertauer Hügellandschaft: Typisch für die Hallertau sind die freistehenden Bäume auf den Hügelkuppen

material durch Schüttungen aus nordöstlicher Richtung. Abgelagert wurde hier vor allem ein quarzhaltiger Sand. Im ganzen Gebiet der Hallertau gibt es kein festes Gestein, sondern nur Übergänge von Mergel, Lehm, Sand und Kies.

Zu dieser Zeit was das heutige Hügelland noch völlig eben. Durch das günstige Klima konnte sich auf dem Plateau eine üppige Flora und Fauna entwickeln. Die dichten Wälder waren mit dem Mammut, mit Riesenschweinen, Säbelzahntigern und sonstigen wilden Tieren bevölkert. Sogar Krokodile gab es früher in der Hallertau. Archäologen entdeckten unlängst in Sandelzhausen, einem Mainburger Ortsteil, die fossilen Überreste von Alligatoren.

Im erdgeschichtlichen Jungtertiär, vor etwa zehn Millionen Jahren, lagerten sich saure vulkanische Glastuffe im Dreieck Mainburg, Moosburg und Landshut ab. Daraus entstand durch Verwitterung im Laufe von mehreren Millionen Jahren ein heute äußerst

begehrter Ton, der Bentonit, welcher in der Hauptsache aus dem Tonmineral Montmorillionit besteht.

Der Bentonit wird seit seiner Entdeckung im Jahre 1905 am Südostrand der Hallertau abgetragen, anfangs unter Tage, heute im Tagebauverfahren. Nach einer chemischen Aufbereitung findet er vielfache Verwendung in der Speiseöl- und Fettindustrie, in der Pharma- und Chemieindustrie, beim Wald- und Gewässerschutz und im Bergbau. Seine Einsatzmöglichkeit ist erstaunlich groß. Man könnte die Aufzählung noch durch viele Anwendungsbeispiele ergänzen. Die zur Hallertau am besten passende Verwendungsmöglichkeit findet der Bentonit allerdings in der Nahrungsmittelindustrie. Bei der Herstellung von Exportbieren werden seit einigen Jahren Stabilisatoren auf Bentonitbasis verwendet. Mit ihnen entfernt man die zu einer Trübung führenden Eiweißstoffe im Bier.

Parallel zur langen Entstehungszeit des begehrten Tones setzte sich auch die übrige erdgeschichtliche Entwicklung fort. Das Mittelgebirge faltete sich weiter zur

Alpenlandschaft auf und erreichte vor ca. drei Millionen Jahren annähernd seine jetzige Höhe. Gleichzeitig hob sich erneut der ehemalige Meeresboden.

Unterdessen begann es auf der Nordhalbkugel der Erde kälter zu werden. Ab dem Pleistozän, vor 600 000 Jahren, war das gesamte bayerische Land starken klimatischen Schwankungen unterworfen. Eiszeiten und Wärmeperioden lösten einander ab. Die Alpengletscher erstreckten sich bis südlich des Gebiets der Landeshauptstadt München. Das Vorland der vergletscherten Zonen, zu dem auch die heutige Hallertau gehörte, war dadurch unwirtlich.

Ein eisiger, starker Wind blies über die Tundra. Der harte Permafrostboden und heftiger Schneefall ließen nur Silberwurz, Zwergbirken und Polarweiden zwischen Moos und Flechten gedeihen. Unter diesen harten Bedingungen versuchte das Mammut sein klägliches Dasein zu fristen.

In dieser erdgeschichtlichen Periode entstand durch Erosion das Hügelland der Hallertau. Der Wechsel zwischen Kalt- und Warmzeiten zerklüftete in mehreren Phasen durch Schmelzwasser, das in die tiefer gelegene Urdonau abfloß, die mehr oder minder gleichmäßige Landschaftsoberfläche der Urhallertau. Dies begünstigte die lockere Bodenbeschaffenheit.

Noch während der Eiszeit bildete sich vor etwa 40 000 Jahren die älteste Kultur des Menschen in Bayern. Die bevorzugten Wohnstätten waren damals Erdlöcher wie beispielsweise die Klausenhöhlen bei Essing, wenige Kilometer nordwestlich des Donaudurchbruchs bei Kloster Weltenburg. In diesem Lebensraum, wo der prähistorische Mensch halbwegs Schutz vor wilden Tieren und dem rauhen Klima fand, fertigte er als heute noch existente Zeugnisse seiner Kultur Werkzeuge und Waffen aus Stein. Nach dem viel verwendeten Werkstoff wurde diese frühgeschichtliche Kulturstufe Altsteinzeit benannt.

Nach der letzten Eiszeit fand etwa ab 8000 v. Chr. eine merkliche Klimaverbesserung statt. Die Witterung wurde milder und erreichte um 5000 v. Chr. bis 3000

Ilmtal bei Nötting

v. Chr. ihr höchstes Temperaturmittel. Es lag deutlich über dem heutigen Wert. Das wirkte sich natürlich auch auf die Vegetation aus. Aus den einstigen Tundren entstand ein dichter Wald, in dem sich Wildschweine, Wölfe und Wisente tummelten. Während dieser Periode, der Jungsteinzeit, gelangte aus Südosteuropa donauaufwärts eine neue Kultur auch an die Hallertauer Nordgrenze, wie z. B. nach Hienheim, nur wenige Kilometer nordwestlich von Abensberg. Man tauschte die wenig wohnlichen Höhlen gegen Hütten aus lehmverputzten Flechtwerkwänden und betrieb im vermehrten Maße Ackerbau. Der nomadisierende Jäger und Sammler der Altsteinzeit wurde durch den ältesten Bauernstand auf bayerischem Boden abgelöst.

Mögen sich auch einige Sippen dieser jungsteinzeitlichen Bauern entlang der Flußläufe der Paar, Ilm, Abens oder Laaber ein klein wenig tiefer ins tertiäre Hügelland vorgewagt haben – auf dem Salvatorberg in Mainburg fand man beispielsweise die Überreste einer jungsteinzeitlichen Kultur –, den hügeligen Urwald links und

rechts der Flußniederungen mieden sie jedenfalls geflissentlich. Die allzu üppige Flora und Fauna schreckte den prähistorischen Homo sapiens wohl ab. An dieser Haltung des Menschen änderte sich auch nichts, als der Jungsteinzeit weitere, zum Teil technisch revolutionierende Kulturepochen folgten.

Ab 2000 v. Chr. begann mit dem verstärkten Auftreten des Werkstoffs Kupfer eine neue Periode. Zwar lebte der Mensch zunächst noch nach steinzeitlichen Traditionen, verwendete aber bereits das zu dieser Zeit seltene Metall zur Herstellung von Schmuck und Waffen.

Ein endgültiger Wandel in Wirtschaft und Kultur erfolgte, als man gelernt hatte, das Kupfer mit Zinn zu mischen und zur härteren Bronze zu schmelzen. Das Resultat war ein robuster Werkstoff, der zur Herstellung von widerstandsfähigen Schwertern und Speerspitzen, aber auch für künstlerisch gestaltete Fibeln (Gewandnadeln) und Schmuck verwendet wurde.

Während der Bronzezeit war es Brauch, die Toten in Hügelgräbern zu bestatten und ihnen ihr persönliches

Salvatorberg in Mainburg

13

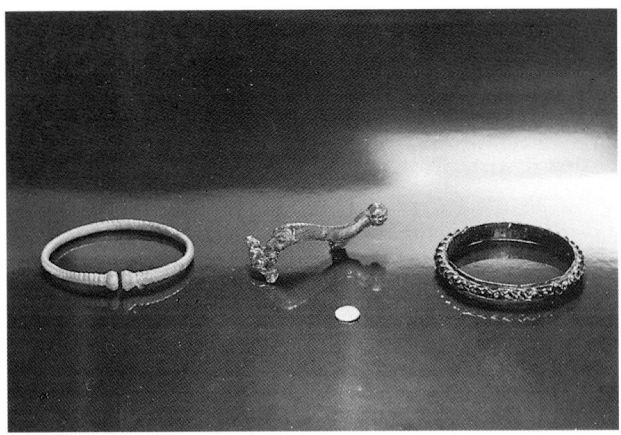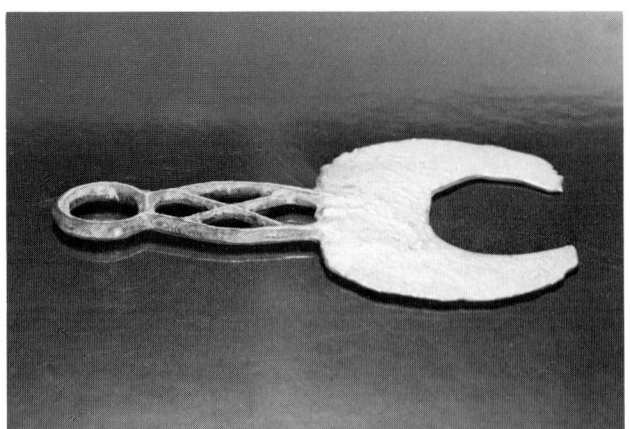

Keltischer Schmuck im Aventinus-Museum in Abensberg

Hab und Gut sowie Speisen mit auf ihren Weg ins Jenseits zu geben. Einige dieser Hügelgräber sind im Gebiet der Hallertau erhalten geblieben. Um 1250 v. Chr. änderte sich dieser Grabbrauch. Die Nachfolger des Bronzezeitmenschen verbrannten ihre Toten samt Grabbeigaben und setzten die Urnen mit der Asche in eng aneinanderliegenden Grabgruben bei. Auf diese Weise entstanden die sogenannten Urnenfelder, die der ganzen Kulturstufe von 1250 v. Chr. bis 750 v. Chr. den Namen gaben.

Ab 750 v. Chr. gesellte sich ein neuer metallischer Werkstoff zur Bronze. Das Aufkommen des Eisens leitete von der Urnenfelder- in die Hallstattperiode (ältere Eisenzeit) über. Benannt wurde diese Epoche nach einem berühmten Fundort in Oberösterreich, wo im vorigen Jahrhundert reich ausgestattete Gräber entdeckt wurden.

Seit der Hallstattzeit war die Besiedelung der Flußniederungen rund um den dichten, hügeligen Wald der prähistorischen Hallertau endgültig abgeschlossen. Die Täler der Amper, Ilm, Abens und Laaber weisen reiche Spuren von menschlichen Niederlassungen aus der Bronze- und Hallstattzeit auf. Mit dem „undurchdringlichen Inneren" des hügeligen Waldgebiets mochte sich aber nach wie vor keine Kultur so recht anfreunden. Zwischen Ingolstadt und Geisenfeld, am Nordrand der Hallertau, erzählt die Landschaft von einer prähistorischen Epoche, die sich unmittelbar an die Hallstattperiode anschloß. Um etwa 500 v. Chr. begann in Süddeutschland das keltische Zeitalter.

Noch heute sind sich die Historiker darüber uneinig, woher die Kultur der Kelten eigentlich kam. Daß die Kelten ein wilder Volksstamm gewesen sein mußten, davon zeugt ein historischer Bericht des griechischen Geschichtsschreibers Diodor:

„Ihr Anblick war furchterregend… Sie sind hochgewachsen mit spielenden Muskeln unter weißer Haut. Ihr Haar ist blond, aber nicht von Natur, sie bleichen es auch noch auf künstliche Weise, waschen es in Gipswasser und kämmen es von der Stirn zurück nach oben. So sehen sie schon deshalb Waldteufeln gleich."

Die eigentümliche Zivilisation dieser „furchterregenden Waldteufel" wird nach einem bedeutenden Fundort in der Schweiz, der Ortschaft La-Tène am Neuenburger See, als La-Tène-Kultur bezeichnet.

In Zentraleuropa gab es von Böhmen bis hin zum Atlantik kein geschlossenes keltisches Siedlungsgebiet. Zwar bestanden unter den einzelnen Stämmen zum Teil mehr oder minder lockere Bünde, doch konnte sich das in diesem Gebiet verstreute Volk wegen voneinander abweichender nationaler Eigenheiten nie zu einem größeren staatlichen Gefüge zusammenfinden.

Ein Stamm der Kelten, die Vindeliker, siedelte auch in der Donauebene bei Manching. Hier bestand in der späten Phase der La-Tène-Kultur (um 100 v. Chr. bis 15 v. Chr.) ein keltisches Oppidum, eine stadtähnliche Siedlung, die wegen ihrer überdimensionalen Größe von 380 ha und der zahlreichen Funde als eines der bedeutendsten frühgeschichtlichen Kulturdenkmäler Mitteleuropas gewertet wird.

Die keltische Viereckschanze – einstiges Kultheiligtum und südlicher Vorbote der Siedlung – grenzt auf der Höhe des Feilenmooses an die Autobahn München–Nürnberg. Auf diese Viereckschanze hatte man bei der Anlage der Autobahn vor ungefähr 50 Jahren Rücksicht genommen. Sie ragt heute noch als üppig bewachsenes Rechteck aus einer Wiese hervor. Mit den Resten des keltischen Oppidums ist die jüngere Vergangenheit allerdings weniger schonend verfahren. Große Teile der antiken Siedlungsstätte werden im Osten heute vom Manchinger Flugplatz und von militärischem Gelände überdeckt. Den westlichen Teil der keltischen Stadt nimmt der heutige Ort Manching ein.

Zum Glück hatte das bayerische Landesamt für Denkmalpflege unter der Leitung von Prof. Werner Krämer die Möglichkeit, vor dem Flugplatzbau zumindest einen kleinen Teil des Geländes archäologisch zu untersuchen. 1955 begannen die planmäßigen Grabungsarbeiten. Trotz des intensiven Einsatzes moderner Techniken konnten bislang erst 2% der gesamten oder 8% der dicht besiedelten Innenfläche freigelegt werden. Aus den in Manching mit besonderer Gründlichkeit vorgenommenen archäologischen Untersuchungen ergab sich ein Bild, das das Oppidum als exemplarisch für spätkeltische Besiedlungsformen erscheinen läßt.

Mit dem Eindringen der Römer in das Gebiet zwischen den Alpen und der Donau im Jahre 15 v. Chr. war das Ende der unvermischten keltischen Kultur besiegelt. Ob die römische Okkupation in unmittelbarem Zusammenhang mit der gewaltsamen Zerstörung der Manchinger Keltenstadt steht, ist allerdings noch nicht eindeutig bewiesen. Einige Historiker sind der Ansicht, daß einfallende germanische Stämme das Oppidum verwüstet haben. Eines jedenfalls ist sicher: Hinter dem Ringwall muß sich eine kriegerische Katastrophe abgespielt haben. Auf die gesamte Siedlungsfläche verstreut fand man die Reste von 300 menschlichen Skeletten, die nicht aus regulären Bestattungen stammen können. An etwa 30 Schädeln ließen sich schwere Hiebverletzungen nachweisen.

Das Manchinger Oppidum ist aber nicht die einzige Fundstätte keltischer Kultur im weiteren Gebiet der Hallertau. In den Niederungen der Flüsse rund um das Kerngebiet des „undurchdringlichen Urwalds" wurden vielfach die Überreste keltischer Siedlungen gefunden. Auch leiten sich beispielsweise die Namen der drei Hallertauer Flüsse Ilm, Abens und Laaber von den keltischen Formen Ilmuna, Abunsna und Lapara ab. Einige keltische Sippen wagten sich entlang von Bächen etwas tiefer in den „Urwald", um dort in der Abgeschieden-

heit eine kleine Siedlung, ein Kultheiligtum oder eine Fliehburg zu errichten.

Kurz vor Christi Geburt stand das ganze Land und somit auch die Region um das Kerngebiet der heutigen Hallertau unter römischer Besatzung. An strategisch oder versorgungstechnisch wichtigen Stellen wurden befestigte Militärlager, sogenannte Kastelle errichtet. So auch runde 3 km westlich des Manchinger Oppidums, im Ortsbereich von Oberstimm, wo die römisch-germanische Kommission 1968 auf dem Barthelmarktgelände mit planmäßigen archäologischen Untersuchungen begann. Hier stand von 40 n. Chr. bis 90 n. Chr. ein rund 1,43 ha großes Kastell. Die Historiker nehmen an, daß dieses Lager eine Kohorte beherbergte. Sie hatte neben dem Grenzschutz die Aufgabe, die weiter nordöstlich eingesetzten Truppenteile zu versorgen.

Dort, auf dem linken Donauufer, unweit des Nordrands der heutigen Hallertau, begann der im Volksmund „Teufelsmauer" genannte rätische Limes, das römische Bollwerk zum Schutz vor den Germanen. 4 km südlich von hier lag auf dem rechten Donauhochufer das Kastell „Abusina-Eining". Es wurde 1879 von dem damaligen Eininger Ortspfarrer Schreiner wiederentdeckt. Noch

Diese Gedenksäule unweit von Hienheim zeigt den Beginn des rätischen Limes, der sogenannten Teufelsmauer

15

im selben Jahr begann der historische Verein von München mit planmäßigen Ausgrabungsarbeiten. Drei Jahre später entschloß sich der Bayerische Staat, das Areal zu erwerben. Die archäologischen Untersuchungen konnten somit bis zum Jahre 1918 fortgeführt werden.

Mit den freigelegten Mauerzügen offenbarte sich auch die wechselvolle Geschichte des römischen Kastells, das im Jahre 80 n. Chr. unter dem Prokurator C. Satorius errichtet wurde. Während seines mehr als 300jährigen Bestehens beschädigten es die Markomannen, ein germanischer Volksstamm, mehrmals schwer. Schließlich wurde es in seiner alten Form aufgegeben und später, um 259 n. Chr., durch ein kleineres spätrömisches Kastell ersetzt.

Dank der umfangreichen Sicherungsvorkehrungen, wie Schutzdächer und Umzäunung, gehörte die Eininger Anlage bis 1945 zu den am besten erhaltenen ihrer Art im süddeutschen Raum. 1959 wurde das Gelände wieder umzäunt und das Mauerwerk auf ein gleichmäßiges Höhenniveau gebracht, um die nach dem Zweiten Weltkrieg verbliebenen Reste des Kastells besser gegen Wind, Frost und Regen zu schützen. Die nunmehr niedrigen, eingeebneten Mauerzüge zwischen der kurzgeschnittenen Rasenfläche geben dem Besucher einen informativen Einblick in den Grundriß des weitflächigen Kastellareals. 500 Jahre römische Präsenz in Bayern wird hier der breiten Öffentlichkeit durch interessante und lebendige Führungen zugänglich gemacht. In diesen Führungen wird dem Besucher aber nicht nur der Aufbau und die Geschichte des Kastells, sondern auch, anhand der Überreste des Kastellbads, die altrömische Badekultur nähergebracht. Auf Badehygiene legte der Römer, ganz gleich ob Militär oder Zivilist, besonderen Wert. Das Bad diente aber nicht nur zur bloßen Körperpflege, sondern war auch ein beliebtes Freizeitvergnügen.

Eine altrömische Badeanlage darf man natürlich nicht mit der Badewanne eines neuzeitlichen Durchschnittshaushalts vergleichen. Sie bestand vielmehr aus dem Schwitzbad – einer Art Sauna –, einem Warmbad, einem Bassin mit kaltem Wasser sowie einem mäßig temperierten Ruheraum. Beheizt wurde die Badeanlage durch eine sogenannte „Hypokausetheizung“, ein ausgeklügeltes Rohrleitungssystem aus Ziegelstein, über das Heißluft unter die Wasserbecken und in die Räumlichkeiten geleitet wurde. Fast jedes römische Heerlager hatte seine eigene Badeanlage. Der Aufbau der Kastellbäder und die

Abfolge der Badeprozeduren waren überall gleich. Dasselbe galt auch für die römischen Staatsbäder, die sogenannten Thermen.

Nur wenige Kilometer südlich von Eining, im Ortsbereich von Bad Gögging, existiert eine solche Therme. Die Legionäre, die sogar von Regensburg hierher kamen, lockte aber nicht nur das edle Badevergnügen, sondern vor allem die besondere Heilkraft des Gögginger Wassers. Denn im Gebiet von Bad Gögging, am Unterlauf des Hallertauer Flüßchens Abens, tritt seit Urzeiten eine 14 °C warme Schwefelwasserquelle zu Tage. Im Volksmund wurde die Quelle ihres Geruchs wegen „Stinker“ genannt. Auf dem ersten Katasterplan von Gögging (um 1817) ist sie als „Mineralquelle – Stinkerbrunn“ eingetragen. Diese Mineralquelle ist heute noch Grundlage des aufstrebenden Kurorts.

Von der römischen Therme ist mittlerweile nur mehr ein Badebecken zu sehen. Das rechteckige Schiff der profanierten St.-Andreas-Kirche, die durch ihr außergewöhnlich figurenreiches Portal auffällt, steht genau darüber. Zahlreiche Funde beweisen, daß das Staatsbad mit Fresken kostbar ausgestattet war.

Bad Gögging, seit 1972 ein Ortsteil von Neustadt a. d. Donau, wurde nach dem Abzug der Römer mit der Zeit ein beliebter Treffpunkt der Adeligen und reichen Bürger. Seit 1921 ist es ein staatlich anerkanntes Schwefel-Moor-Heilbad.

Bad Gögging, Eining und Oberstimm sind die herausragendsten Fundstätten römischer Kultur am Nordrand der Hallertau. Im Hallertauer Kerngebiet wurden dagegen nur geringe Spuren der einstigen Weltmacht entdeckt. Die 500jährige römische Besatzung spielte sich im Bereich der Hallertau nur entlang der Donau ab. Alles in allem hinterließen die Römer unauslöschliche Spuren im ganzen Land. Die vormals keltischen Ureinwohner der Zentralalpen und des Alpenvorlands waren unterworfen. Sie wurden im Laufe der Zeit romanisiert, aber auch mit fremden, zum Teil germanischen Elementen durchsetzt. Nachdem im Jahre 391 n. Chr. unter Theodosius I. der christliche Glaube römische Staatsreligion wurde, kamen diese „Provinzialrömer“ ebenfalls mit dem christlichen Glauben in Kontakt. Das Christentum und auch die kirchlichen Organisationen überlebten in den Süddonaulanden den politisch-herrschaftlichen Untergang des Römerreichs und wurden somit eine wichtige Grundlage für die weitere Entwicklung von Herrschaftsbereichen in diesem Gebiet. Kurz nach dem Abzug der Römer aus Bayern gegen Ende des 5. Jahrhunderts n. Chr. taucht zum ersten Mal das Geschlecht der Bajuwaren aus dem Dunkel der Geschichte auf.

Die meisten Historiker waren bislang der Meinung, daß die Bajuwaren aus Böhmen kamen und im 6. Jahrhundert n. Chr. durch die Further Senke in das Land zwischen der Donau und den Alpen eingewandert seien. Durch bewußte Landnahme sollen sie dann das Gebiet in Besitz genommen haben. Die Ortsnamen mit der Endung „-ing", wie zum Beispiel Zolling oder Eining werden hierfür als Beleg angeführt.

Dr. Karl Bosl, emeritierter Professor für bayerische Landesgeschichte an der Münchner Universität, ist jedoch der Ansicht, daß es für die Einwanderung eines bereits ausgeformten bayerischen Stammes keinerlei Beweise gibt. Seiner Ansicht nach sind die Bajuwaren (Baiovarii) ein Neustamm des 6. Jahrhunderts – ein romanisches-protoladinisches-rätoromanisches Substrat auf keltischer Grundlage, vermischt mit germanischen, wahrscheinlich von Westen nach Osten eingewanderten alemannischen Elementen –, der unter dem Einfluß der Großreichspolitik fränkischer Merowingerkönige zustande gekommen ist. Die Bayern sind also „Autochthonen" (Ureinwohner).

Der Bayernname taucht zum ersten Mal in der Mitte des 6. Jahrhunderts in gotischen und fränkischen Quellen auf. Er geht auf den römischen Verwaltungsbegriff für den Salzburggau „Pagus Juvanensis" zurück. Seit der Spätantike entwickelte er sich zu „Pagoiuvaro" als Bezeichnung für die Region und „Pagoiuvari" als Name ihrer Bewohner. Letztlich wurde daraus über „Bazoarii" der Stammesname „Baiovarii".

Der Bayernname war also zunächst kein Volks- oder Stammesname, sondern ein geographischer Begriff, der sich auf die Bewohner der Region übertrug. Vergleichbar ist das etwa mit: „Hallertau" für das Land und „die Hallertauer" für dessen Bewohner.

Unter der Führung der burgundischen Agilolfinger, die wiederum unter fränkischer Oberhoheit standen, entwickelte sich Mitte des 6. Jahrhunderts der erste Bayerische Staat, das „Herzogtum Baiern". Das römische Christentum spielte in diesem stark fränkisch beeinflußten politischen Gebilde eine wichtige Rolle. Die Franken führten ihre Erfolge in der Großreichspolitik auf ihren christlichen Glauben zurück. Religion bedeutete also zu dieser Zeit auch Macht.

Während der rund 300jährigen agilolfingischen Herrschaft (5. Jahrhundert – 788 n. Chr.) wurden, vor allem unter den Herzögen Odilo (736–748) und Tassilo III. (748–788) viele Klöster gegründet. Auch rund um das Kerngebiet der heutigen Hallertau erfolgten Klostergründungen, wie zum Beispiel die Urklöster Weltenburg und Münchsmünster an der Donau, Engelbrechtsmünster und Ilmmünster an der Ilm sowie Münster bei dem heutigen Rottenburg a. d. Laaber und nur wenige Kilometer östlich von Volkenschwand das Urkloster Martinszell.

Mit der Gründung dieser Klöster öffnete sich auch das „Tor zum Kerngebiet der heutigen Hallertau." Eine im Mönchstum großartig organisierte Arbeiterschaft begann mit der Urbarmachung des „undurchdringlichen Waldlands". Sümpfe wurden ausgetrocknet und der Wald gerodet. Der Abt eines Klosters stellte fest: „Wir haben einen Urwald angetroffen und daraus ein Paradies geschaffen."

Unterstützt wurden die Klöster in dieser Epoche fränkisch-bayerischer Kolonisation durch die Zwangsansiedlung von Slawen und Wenden im 8. Jahrhundert. Charakteristische Belege hierfür sind die Ortsnamen mit dem Bestandteil „Winden", wie sie heute noch im Bereich der Hallertau zu finden sind. Winden-Orte, wie zum Beispiel Geisenfeldwinden, Lohwinden und Beigelswinden, waren organisierte Rodungssiedlungen, die mit gekauften, gefangenen oder geworbenen Slawen betrieben wurden.

Im Zuge dieser slawischen Besiedlung soll der Hopfen in die Hallertau gekommen sein. Urkundlich wird der Hopfenanbau erstmals im Jahre 736 n. Chr. bei Geisenfeld erwähnt. Wenden sollen dort einen Hopfengarten angelegt haben. Leider fehlt die Urkunde, die dieses frühe Datum belegen könnte.

Der erste eindeutige Beleg über einen Hopfenanbau in der Hallertau findet sich in einer Urkunde aus dem Jahre 860 n. Chr. In dieser Urkunde wird von einem Hopfengarten aus dem Ort „Crintila" (Gründl bei Nandlstadt) berichtet, der ebenfalls von einem Slawen betrieben wurde.

Basilika Ilmmünster

Das außergewöhnliche figurenreiche Portal der profanierten St.-Andreas-Kirche in Bad Gögging

Der Hopfen und seine Bedeutung für die Hallertau

Woher der Hopfen eigentlich kommt, ist nicht eindeutig nachgewiesen. Sicherlich ist er kein typisches Hallertauer Gewächs, das sich in einem Jahrtausende dauernden Prozeß aus dem Hallertauer Mutterboden entwickelte. Vielmehr sollen feuchte Bergtäler Vorderasiens die Urheimat der rechtswindenden Kletterpflanze gewesen sein. Was dort damals wuchs, läßt sich natürlich nicht mit dem heutigen Hallertauer Kulturhopfen vergleichen. Aus den Wildformen des Hopfens wurden in jahrhundertelanger Auslese Sorten gezüchtet, die besonders zur Bierherstellung geeignet sind.

Die Begriffe Hopfen und Hallertau sind heute untrennbar miteinander verwoben. Die tertiäre Hügellandschaft wäre jedenfalls ohne das „grüne Gold der Brauer" nur sehr schwer vorstellbar. Ebenso sind die Hallertauer mit dem Hopfen verbunden. Dies zeigt recht deutlich der nachfolgende Text über den Hopfen, den der Wolnzacher Kooperator Andreas Hofstetter im Jahre 1860 verfaßte.

„Dieses Gewächs kann man nicht besser definieren, als wenn man sagt, es ist ein schlangenartiges Gewächs, das hölzerne Stangen, Draht oder Spagat – und jeden Wolnzacher umschlingt. Er umschlingt seine Gedanken das ganze Jahr, seine Zunge das ganze Jahr, seine Hände das ganze Jahr, und seinen Geldbeutel das ganze Jahr." Nach dieser Aussage drängen sich die Fragen auf: Was ist eigentlich der Hopfen, und wie konnte er seit dem frühen Mittelalter seinen hohen Stellenwert in der Hallertau erlangen?

Der Hopfen (Humulus Lupulus L.) gehört zur Familie der Hanfgewächse (Cannabinaceae) und zur Ordnung der Nesselgewächse (Urticaceae). Er ist zweihäusig und Windbefruchter. Nur die weiblichen Pflanzen bilden aus ihren Blüten Dolden, die für den Brauprozeß verwendet werden können. Sie haben aber nur dann einen hohen Brauwert, wenn sie nicht befruchtet sind. Des-halb hält man die männlichen Hopfenpflanzen tunlichst von den Plantagen fern. Aufgrund einer Verordnung muß männlicher Hopfen, der wild in Hecken und an Waldrändern wächst, durch geeignete Maßnahmen am Blühen gehindert werden, damit keine Befruchtung und damit Samenbildung beim weiblichen Hopfen zustande kommt.

Der Kulturhopfen ist eine ausdauernde Pflanze, das heißt, er kann bis zu 50 Jahre alt werden. Durchschnittlich nutzt man die Hopfenpflanzungen jedoch nur 15–20 Jahre und rodet sie dann wegen des sinkenden Ertrags. Ausdauernd ist nur der Wurzelstock, die oberirdischen Teile sind krautig und einjährig. Sie werden vom Hopfenpflanzer jedes Jahr abgeschnitten. Der Wurzelstock ist das Kernstück der Hopfenpflanze. Im Herbst wandern die Nährstoffe aus der Rebe in ihn zurück, damit sich der junge Austrieb im Frühjahr bis zu einer Höhe von ca. 1 m aus diesen Reserven ernähren kann.

Das weitverzweigte Wurzelsystem reicht in eine Tiefe von 4 m und mehr. Dies ermöglicht es der Hopfenpflanze, Nährstoffe und Wasser aus größeren Tiefen zu nutzen. Neben dem mehrjährigen Wurzelstock werden in den oberen Bodenschichten jedes Jahr Sommerwurzeln, sogenannte Adventivwurzeln gebildet. Sie treiben aus den mit Erde zugedeckten Teilen der Sproßtriebe und dienen zusätzlich zur Ernährung während des Hauptwachstums.

Aufgrund des ausgedehnten, tiefgreifenden Wurzelsystems benötigt der Hopfen ein tiefgründiges, gut durchwurzelbares Erdreich, wie es die Hallertau bietet. Bevorzugt sind vor allem gut bearbeitbare, leichtere bis mittlere Böden. Schwere Böden neigen zeitweilig zu Staunässe, was zu Wachstumsstörungen führt.

In bezug auf das Klima verlangt der Hopfen, neben ausreichenden Niederschlägen für einen hohen Ertrag und einen hohen Bitterstoffgehalt, viel Sonnenschein für ein gutes Aroma. Das Anbaugebiet Hallertau vereinigt mit durchschnittlich 800 mm Niederschlag und ca. 1700 Sonnenscheinstunden im Jahr beide Faktoren.

Im April beginnt das Wachstum der aus dem Wurzelstock sprießenden Triebe. Sie sind rechtswindend und halten sich mit Klimmhaaren am sogenannten Aufleitdraht fest. Entlang dieses dünnen Metalldrahts erklettern sie bis Anfang Juli das in der Regel 7 m hohe Gerüst. Die durchschnittliche Wachstumsstrecke pro Tag beträgt an die 10 cm.

Der Hopfen blüht Anfang bis Mitte Juli. Die weiblichen Blüten sind Blütenstände mit bis zu 60 Einzelblüten. Die Dolden bilden sich allmählich aus den unbefruchteten Blüten. Bis zur Erntezeit Ende August, Anfang September entwickeln sich dann wuchtige grüne Paravents aus Hopfenreben, die, besetzt mit abermillionen dieser hellgrünen Dolden, einen intensiven, fast betäubenden Duft ausströmen. Jetzt erreicht der Hopfen seinen höchsten Brauwert.

Für den Brauprozeß benötigt man nur das gelbliche Lupulin in der Hopfendolde. Es wird von Drüsen am Grund der Doldenblätter ausgeschieden. Das Lupulin enthält drei verschiedene Inhaltsstoffe, die für das Bier wichtig sind. Zum einen gibt es da die Bitterstoffe (bewertet in % Alpha-Säure), die dem Bier den angenehm herb-bitteren Geschmack geben und für die Schaumbildung und Haltbarkeit verantwortlich sind. Weitere wichtige Elemente sind verschiedene ätherische Öle, die Aromastoffe. Für die Konservierung und Klärung des Biers sind als dritter Bestandteil die sogenannten Gerbstoffe verantwortlich.

Die Vorteile dieser drei verschiedenen Inhaltsstoffe des Lupulins waren im Brauereiwesen nicht seit jeher bekannt. Es gab sogar Zeiten, in denen Bier ohne Hopfen gebraut wurde. Erst die zunehmende Erkenntnis der Bedeutung des Hopfens für das Bier und der gesteigerte

Gambrinus, der legendäre Schutzpatron der Brauer, von einem unbekannten niederländischen Meister aus dem 16. Jahrhundert dargestellt.

Die Klosterbrauereien haben zur Entwicklung der Braukunst einen erheblichen Beitrag geleistet. Der sechszackige Stern war im Mittelalter das Zunftzeichen der Brauer. Zeichnung aus dem Bruderhausbuch, Nürnberg, 1397.

Weiblicher Hopfen

22

Männlicher Hopfen

Bierkonsum ließen die Hallertau in einer 1200jährigen Entwicklungsphase zu dem bedeutenden Anbaugebiet von heute wachsen.

Bier oder besser bierähnliche Getränke waren schon bei den Kelten und Germanen beliebt. Die Regensburger Archäologin Sabine Pauli ist der Ansicht, daß die Legionäre der dritten römischen Legion vor den Toren Regensburgs, nahe der Donau, die früheste Braustätte nördlich der Alpen betrieben. Das dort hergestellte Bier war für die ansässige keltisch-germanische Bevölkerung bestimmt. Die römischen Offiziere bevorzugten Wein. Wohl kannten die Römer Hopfen als Gewürz, ob sie ihn aber für ihr Bier verwendet haben, läßt sich heute nicht mehr feststellen. Um 800 n. Chr., etwas mehr als 300 Jahre nach dem Abzug der römischen Besatzung, war es in Deutschland jedenfalls noch nicht üblich, die Vorteile des Hopfens im Bier zu nutzen. Zu dieser Zeit verwendeten die Brauer vorwiegend eine Kräutermischung zur Bierwürze.

„Grut" wurde diese Ingredienz genannt, dessen Hauptbestandteil der „Gagel", eine betäubend duftende Heide- und Moorpflanze war. Auch wurden Sumpfmyrte, Rosmarin und Schafgarbe in dieser Kräutertinktur mitverarbeitet. Zwar half die Kräuterwürze, das Bier etwas lebendiger schmecken zu lassen, besonders gut soll das starke, süße Grutbier trotzdem nicht gewesen sein.

Trotz der Gegenstimmen einiger eingefleischter Grutbiertrinker, die den Hopfen wegen seiner angeblichen Unverträglichkeit verbieten lassen wollten, setzte sich das „grüne Gold der Brauer" zunehmend durch. Kaiser Karl der Große (768-814) verfügte sogar in seinen „Capitularien" den Anbau von Hopfen: „…damit das Bier würziger, schmackhafter werde, besser erfrische und sich länger hielte…". Um den Hopfenanbau zu fördern, soll er einem seiner Erzbischöfe einen ganzen Hopfengarten geschenkt haben.

In Norddeutschland gab es bereits im 14. Jahrhundert eine beachtliche Brauindustrie mit einem wirtschaftlich bedeutenden Binnen- und Außenhandel. In Altbayern hingegen blieb der Hopfenanbau in seiner wirtschaftlichen Bedeutung mehr oder minder lokal beschränkt. Der Hopfenbau diente hier lediglich zur Selbstversorgung der ansässigen Brauereien. Angebaut wurde quasi vor der eigenen Haustür, ohne auf das jeweilige Klima oder die Bodenqualität viel Rücksicht zu nehmen. Entsprechend dürftig waren sicherlich auch die Erträge.

Das vornehmlich in Hausbrauereien gebraute Bier wurde während des Mittelalters nur von Bauern und Dienstboten sowie in den Klöstern getrunken. Die Adels- und Bürgerkreise bevorzugten Wein, der dadurch lange Zeit als scharfer Konkurrent des Biers auftrat.

In Altbayern wurde an vielen Orten Wein angebaut. Sogar im Bereich der heutigen Hallertau standen Weinberge. Viele Orts- und Flurnamen, wie zum Beispiel Weinberg, Weingarten oder Weinleite, können dies heute noch bezeugen. Besonders süß und süffig war der altbayerische Wein jedoch nicht. Freiherr von Kreittmayer, der Kanzler des Kurfürsten Max III. Joseph, nannte Bayern deswegen „…ein glückliches Land, weil der Essig hier an den Weinhängen wachse."

Während des 13. Jahrhunderts übertrug sich die Erlaubnis, Bier zu sieden, an die Klöster, Städte, Märkte und Hofmarken. Seit dieser Zeit erfuhr auch der Hopfenanbau einen merklichen Aufschwung. Mit der gesetzlichen Grundlage, die 1516, 24 Jahre nachdem Christoph Columbus Amerika entdeckte, im Landtag zu Ingolstadt geschaffen wurde, begann für das Bier und mit ihm für den Hopfen eine neue Entwicklungsstufe. Der bayerische Herzog Wilhelm IV. bestimmte, daß fortan nur noch Gerste, Hopfen und Wasser zur Bierbereitung verwendet werden dürfen. Diese berühmte Brauordnung, das Bayerische Reinheitsgebot, wurde 1906 im Biersteuergesetz verankert und hat heute noch seine Gültigkeit. Das bayerische Bier verdankt diesem Gebot seinen internationalen Ruf. Trotz des Bayerischen Reinheitsgebots benötigte das Bier noch eine geraume Zeit, bis es seinen Stellenwert als das „fünfte Element der Bayern" erlangte. In historischen Berichten über das Leben und Wirken der damaligen Land- und Stadtbevölkerung findet sich zu dieser Zeit jedenfalls kein Hinweis auf eine Vorliebe für das Bier. Der Vater der bayerischen Geschichtsschreibung, Johannes Aventinus, schreibt um 1500 in seiner „baierischen Chronik" über seine Landsleute:

„Das baierische Volk ist kirchlich schlecht (schlicht) und recht, geht und läuft gerne wallfahrten, hat auch viele kirchliche Aufzüge; legt sich mehr auf den Ackerbau und die Viehzucht als auf den Krieg…, bleibt gerne daheim…, trinkt sehr, macht viel Kinder; … der gemeine Mann… mag auch freies, lediges eigenes Gut haben, dient seinem Herrn, der sonst keine Gewalt über ihn hat, mit jährlicher Gült, Zins und Scharwerk; tut sonst was er will, sitzt Tag und Nacht bei dem Wein, schreit, singt, tanzt, kartet, spielt, mag Wehr tragen, Schweinsspieß und lange Messer. Große und überflüssige Hochzeiten, Totenmahle und Kirchweihen zu haben, ist ehrenhaft und unsträflich…"

Aventinus wuchs übrigens in einem Altabensberger Wirtsstubenmilieu hellhörig und scharf beobachtend heran. Man kann also davon ausgehen, daß sich seine Schilderung des „baierischen Volks" hauptsächlich aus eigenen Beobachtungen des Hallertauer Bauernstands zu dieser Zeit zusammensetzt.

Mitte des 16. Jahrhunderts folgte dem Reinheitsgebot ein weiterer Erlaß, der zu verstärktem Hopfenanbau in Bayern führte. Im Jahre 1553 wurde festgesetzt, daß das Bier nur mehr während des Herbst-Winter-Halbjahres gebraut werden durfte. Da es damals noch keine Kühlanlagen zur Konservierung gab, wurden die Brauer zu einer erhöhten Hopfengabe gezwungen. Hinzu kam eine durch die Gründung des Kurfürstlichen Hofbräuhauses in München ausgelöste Zunahme an Brauereibe-

trieben in Bayern, die den Hopfenbedarf zusätzlich noch erhöhte.

Das Reinheitsgebot allein genügte natürlich nicht, um dem bayerischen Bier seinen international guten Ruf zu ermöglichen. Vor allem muß die Qualität der Ingredienzien, nämlich der Gerste, des Wassers und des Hopfens, über dem Durchschnitt liegen.

In der Hallertau, wie auch andernorts im Lande, bemühten sich neben den adligen Gutsbetrieben vor allem die Klöster um eine Qualitätssteigerung des Hopfens. Pionierarbeit hierin leisteten die Mönche des Jesuitenklosters „Biburg" nahe Abensberg. Pater Kaspar Stauder ermöglichte um 1590 mit der Einführung böhmischer Fechser eine wesentliche Qualitätssteigerung. Von Biburg aus soll sich dann der verbesserte Hopfenanbau über „Rohr", dem Landgut der Jesuiten, auf die meisten Städte und Marktgemeinden im Gebiet der heutigen Hallertau übertragen haben. In Bayern konnte sich die Hopfenkultur bis zum Beginn des Dreißigjährigen Krieges eine solide Grundlage sichern.

Dadurch überstand sie, im Gegensatz zum Weinbau, den wirtschaftlichen Niedergang durch die Folgen der Kriegswirren von 1618–1648.

Nach dem Dreißigjährigen Krieg begann der Weinkonsum nachzulassen, und die Vorliebe für Bier stieg an. Mit dem steigenden Bierkonsum war natürlich auch eine gesteigerte Nachfrage an Hopfen verbunden. Das „grüne Gold der Brauer" wurde damals ausschließlich von Klöstern, Adligen und den Bürgern von Märkten und Städten angebaut. In den bäuerlichen Betrieb hatte der Hopfenanbau im 17. Jahrhundert noch keinen Einzug gefunden.

Um 1657 setzte sich der bayerische Kurfürst Ferdinand Maria in einer besonderen Verordnung über die „Erziehung Hopfens" für die Weiterverbreitung der Hopfenkultur in Bayern ein. Runde 100 Jahre später nahm sich der bayerische Staat unter Maximilian II. Joseph (1745–1777) zur Steigerung der dringend benötigten Staatseinnahmen und zur Vermeidung unnötiger Staatsausgaben durch Hopfenimporte aus Böhmen erneut der Bierproduktion und des Hopfenbaus an.

Böhmischer Hopfen aus der Saazer Gegend war im 17. und 18. Jahrhundert bei den Brauern äußerst begehrt und wurde bevorzugt verwendet. Die Qualität des heimischen Hopfens erschien ihnen zu dieser Zeit als noch zu gering. Deshalb ließ sich lange Zeit das Vorurteil vieler Brauer nicht ausrotten, daß sich zur Herstellung bestimmter Biere ausschließlich böhmischer Hopfen eigne.

Im Jahre 1788 versuchte das kurfürstliche Brauhaus Kelheim Vohburger und Geisenfelder Hopfen für das Weißbier. Das Bier hielt sich auch mit bayerischem Landhopfen, nur war es etwas bitterer im Geschmack. 1789 erging deshalb von der Hofkammer der Befehl, daß der Braumeister im Hofbräuhaus München für das Weißbier nur mehr Landhopfen kaufen dürfe.

Die Hallertau war bis ins 19. Jahrhundert hinein keine Hopfenbaulandschaft im heutigen Sinne. Genausowenig wurde der Flurname mit der landwirtschaftlichen Sonderkultur Hopfen in Verbindung gebracht. Die Hallertau war zu dieser Zeit ein verkehrsmäßig kaum erschlossenes, undurchdringliches Waldgebiet, das die Aufklärer, wie etwa der in Abensberg geborene Staatsrat v. Hazzi, in den düstersten Farben schilderten. Um 1800 schrieb er über das Gebiet der historischen Hallertau, dem Gericht Moosburg:

„Die Isar, Amper und Abens bilden die drei Haupttäler, und beträchtliche Anwohnungen. Einzelne Bäche wie Wolnzach, bieten engere Täler dar, das übrige ist ein wildes Gehügel, mit Waldungen durchschnitten und man kann kaum von einem Ort zum anderen kommen. Nur das Ampertal sieht fröhlich aus, alles übrige ist greuslich, voll Wald, Moos und Heide. Die Häuser gleichen den elendesten hölzernen Hütten der ersten Zeit... von innen und außen ist alles schmutzig und arm... Die Menschenrasse ist äußerst verkrüppelt und verkümmert und klein, dumm und wild, meist mit körperlichen Schäden behaftet. Die Leute sind übler dran wie das Vieh. Schon in der Früh um zwei Uhr heißt es zur Arbeit und sie bringen doch nichts voran. Diebstähle sind hier häufig, daher ist es ein Sprichwort: Er ist von der Holladau und daher ein Dieb! Besonders sind die Pferde auf den Weiden nicht sicher... Die Glückseligkeit dieser Leute ist, an den Feiertagen einige Maß Bier zu trinken und sich so zu berauschen. Sie werden nicht alt, einige 50 Jahre und am Ende meist taub."

Im selben Bericht bemerkt v. Hazzi, daß „bei den Städten und Märkten Hopfen ziemlich erzielt werde". Er meint damit, daß viel Hopfen angebaut und geerntet wird.

Um 1800 war die Hallertau also äußerst verrufen. Man nannte sie das „Schelmenlandl" und ihre Bewohner Roßdiebe. Es wurde behauptet, daß die Hallertau dort beginne, wo die Spitzbuben zu finden sind, und ihre Grenzpfähle wären die vier Galgen zu Freising, Moosburg, Abensberg und Pfaffenhofen a. d. Ilm. Keiner wollte sich damals zur Hallertau zählen. Am besten gibt diese Situation ein Auszug aus dem „Hallertauer Chronisten" wieder:

„Wenn jemand von Freising her in die Hallertau wollte und in Attenkirchen (am Südrand der heutigen Hallertau) fragte, wo denn diese Landschaft beginne, bekam er zur Antwort: ein paar Kilometer weiter, im nächsten Dorf. Kam er schließlich nach Au, so sagte man ihm: „Ja mei! Da sans scho lang durch."

Wenn auch der Hallertau gegen Ende des 18. Jahrhunderts noch kein besonders guter Ruf vergönnt war, so begann zumindest auch hier der Hopfen Bedeutung zu erlangen. Die Aufklärer sahen durch die gewinnbringende Handelspflanze den Volkswohlstand garantiert und empfahlen den Hopfenanbau auf jedem dafür geeigneten Fleckchen Erde, um dem Bier, dem bayerischen Nationalgetränk, wie es einer der Patrioten formulierte, „...Rohstoffe aus dem eigenen Vaterland zur

Verfügung stellen zu können. Schande ist es daher für die meisten der jetzt lebenden Bierbrauer in Baiern, daß sie durch ihre Hutzelwasserkocherey das baierische Bier seines Nationalruhmes beraubt haben…Daher muß in Zukunft der Hopfenbau die erste Aufmerksamkeit eines jeden redlichen Baiers erregen. Dieses wohltätige Unternehmen fordert die ächte Vaterlands- und Nächstenliebe. Oder schlägt in eurer Brust kein edles Baier-Herz mehr?"

Trotzdem dauerte es noch bis zur Mitte des vorigen Jahrhunderts, bis sich der Begriff „Hopfenbau" auf den Landschaftsnamen Hallertau endgültig übertrug und die Hallertau zu einer Hopfenbaulandschaft wurde. Ausschlaggebend hierfür war die industrielle Revolution. Es wurde jetzt nicht mehr ausschließlich für den eigenen Bedarf, sondern für den Markt produziert.

Im 1806 gegründeten Königreich Bayern waren nun alle wesentlichen Hopfenanbaugebiete von Franken über Altbayern bis zum Bodensee vereint. Staatliche Initiative konnte jetzt viel intensiver wirken. Das Braugewerbe entwickelte sich zu einer wichtigen Einnahmequelle des Staates. Unterstützt wurde der Ausbau des Brauereiwesens durch den Fortschritt der Technik, der Nachrichtenübermittlung und des Verkehrswesens. Bei der Einweihungsfahrt der ersten deutschen Eisenbahn auf der 6 km langen Strecke von Nürnberg nach Fürth im Jahre 1835 wurde Bier transportiert.

In der ersten Hälfte des vorigen Jahrhunderts begann man den Hallertauer Hopfen mit einem Siegel vor Vermischung oder sonstigen unguten Machenschaften zu schützen. Das erste Hopfensiegel in der Hallertau erhielt im Jahre 1834 die Marktgemeinde Wolnzach. Neun Jahre später folgte Au i. d. Hallertau, dann Siegenburg (1846), Mainburg (1847), Geisenfeld (1860), Nandlstadt (1862), Pfaffenhofen a. d. Ilm (1864), Hohenwart (1865), Rottenburg a. d. Laaber (1872), Pfeffenhausen (1879), Langquaid (1891), Abensberg (1928) und zuletzt Neustadt a. d. Donau (1930).

Als mit dem Gesetz vom 4. Juni 1848 der Besitz von Grund und Boden an die Bauern selbst überging, begannen vor allem in der Hallertau nun auch sie, Hopfen anzubauen, da sie sich wegen seines guten Ertrags und seines hohen Preises große Gewinne versprachen.

In der zweiten Hälfte des 19. Jahrhunderts entwickelte sich der Hopfen zu der für die Hallertau charakteristischen Sonderkultur und begann, Weltgeltung zu gewinnen. Innerhalb eines halben Jahrhunderts ergab sich dar-

Als erstes Frachtgut auf einer deutschen Eisenbahn wurden 1835 zwei Fäßchen Bier von Nürnberg nach Fürth transportiert

aus für die Hallertau ein völlig neues Bild. Während der Staatsrat v. Hazzi noch um 1800 das tertiäre Hügelland als die „so ziemlich ärmste Gegend ganz Bayerns" bezeichnete, erfuhr der Begriff „Hallertau" durch den Hopfenbau eine äußerst positive Umbewertung. Während zu v. Hazzis Zeiten niemand zur Hallertau gehören wollte, schrieb im Jahr 1877 die allgemeine Hopfenzeitung: „Jeder Hopfenbauer will jetzt ein Hallertauer sein." Ähnlich Positives drückt auch ein alter Hallertauer Spruch aus:

„Doch will i enk sagn: wer Hopfen baut,
zehn Meilen weit um Au,
der schreit was er nu ko, so laut:
I g'hör zur Holledau."

Der Hallertauer Pfarrer Moritz Filser bezeichnete um 1860 mit „Holletau" das Hügelland nördlich der Amper und Isar, von Freising und Moosburg bis Mainburg und Pfeffenhausen, Hohenkammer und Geisenfeld. Das damalige Kerngebiet der „Holletau" hatte eine Größe von 16 Quadratmeilen, die ganze Gegend mit den Grenzgebieten insgesamt 22 Quadratmeilen.

Mit der weltweiten Verbreitung der Qualitätsmarke „Hallertauer Hopfen" kam Reichtum in den bäuerlichen Betrieb. Da der neu gewonnene Wohlstand natürlich auch Probleme mit sich brachte, zeigt ein Bericht von F. X. Osterrieder, der 1931 im Hallertauer Generalanzeiger erschien:

„Die Hallertau mit ihren vielen Einödhöfen, Weilern und den großen Wäldern bot schon in den ältesten Zeiten lichtscheuem Gesindel, Vagabunden und berufsmäßigen Bettlern einen idealen Aufenthalt. Vermehrt wurde die Anziehungskraft der Hallertau für diese Leute durch die vielen Jahrmärkte, sowohl Kram- als auch Viehmärkte. Mit dem wachsenden Wohlstand der Bevölkerung, der eng mit der Zunahme des Hopfenbaus zusammenhing, wurde die Hallertau ein Eldorado obiger Zunft. Der Hallertauer ist von Haus aus freigebig; wenn es ihm gut geht, hat er eine offene Hand für alle Enterbten des Glücks. Die hohen Hopfenpreise von 1850 bis 1880 brachten viel Bargeld in die Häuser, das für die Zunft der Einbrecher eine große Verlockung bedeutete. Diebstähle und Einbrüche waren an der Tagesordnung und die Hallertauer Bauern sicherten ihre Gehöfte mit Eisenstangen und durch die Anschaffung von Schießwaffen aller Art."

Die weitere Entwicklung der Hallertau bis ins 20. Jahrhundert hinein war nun von der Hopfenwirtschaft vorgezeichnet. Der Hallertauer Pfarrer M. Filser schwärmte:

„Unser Vaterland hat in dem Hopfenanbau eine Goldgrube, verhältnismäßig reichlicher und nachhaltiger als die Goldgruben Kaliforniens."

Der Hofenanbau und mit ihm die Siegelbezirke rund um das Hallertauer Kerngebiet dehnten sich immer weiter aus. Die Hopfenbauern dieser Randbezirke versuchten, ihren qualitativ minderwertigeren Hopfen ebenfalls unter der Qualitätsmarke „Hallertauer Hopfen" zu vertreiben. „Die Hallertau wuchs also mit dem Hopfen", wie etwas spöttisch gesagt wurde.

Das beste Ernteergebnis im vorigen Jahrhundert brachte das Jahr 1885. Auf einer Anbaufläche in Deutschland von über 47 000 ha waren 775 000 Ztr. geerntet worden. Wegen dieser ungeheuren Überproduktion und der Tatsache, daß mit der Entwicklung der Linde'schen Eismaschine weniger Hopfen als Konservierungsmittel gebraucht wurde, verringerte sich der Hopfenabsatzmarkt und somit der Gewinn der Bauern. Außerdem wurde wieder weniger Bier getrunken. All diese Faktoren ließen den Hopfenanbau nun wieder rasch zurückgehen.

Trotz des starken Rückgangs der Anbauflächen – im letzten Friedensjahr vor dem Ersten Weltkrieg sanken sie in Deutschland auf 27 000 ha – war die Hallertau eigentlich die große Gewinnerin dieser jahrzehntelangen Krise. Im Jahr 1912 lag sie zum ersten Mal über dem Ernteergebnis ihrer fränkischen Konkurrenten.

Kaum hatte sich die deutsche Hopfenwirtschaft von den mißlichen Folgen des Ersten Weltkriegs und der anschließenden Inflation erholt, trat 1924 zum ersten Mal die bis dahin unbekannte Hopfenkrankheit „Peronospora" auf. Ihre Auswirkungen wurden vor allem für den Hallertauer Hopfen existenzbedrohend. Die deshalb 1926 gegründete „Gesellschaft für Hopfenforschung" unterstützte die Hopfenpflanzer durch die Entwicklung von vorbeugenden Pflanzenschutzmaßnahmen im Kampf gegen diese verheerende Krankheit. Nach 1928 war sie im wesentlichen, wenn auch mit großem Kostenaufwand, erfolgreich unter Kontrolle gebracht worden.

Ein Jahr später wurde vom Deutschen Reichstag das sogenannte „Hopfenherkunftsgesetz" genehmigt, das 1930 in Kraft trat. Damit wurden die bayerischen Hopfenanbaugebiete genau gesetzlich festgehalten. Eine Vermischung von Qualitätshopfen mit minderwertigen Sorten konnte somit ausgeschlossen werden. Mit diesem Gesetz wurde die Landschaftsabgrenzung der Hallertau amtlich. Seit dem 11. 6. 1930 umfaßt das Hopfenanbaugebiet Hallertau die Siegelbezirke Abensberg, Au, Geisenfeld, Hohenwart, Langquaid, Mainburg, Nandlstadt, Neustadt a. d. Donau, Pfaffenhofen a. d. Ilm, Pfeffenhausen, Rottenburg a. d. Laaber, Siegenburg und Wolnzach.

Diese Regelung der Landschaftsabgrenzung durch das Hopfenherkunftsgesetz blieb bis heute bestehen. Weder der Zweite Weltkrieg, die Nachkriegszeit noch die einschneidende Gebietsreform des Jahres 1972, die zum Beispiel den Landkreis Mainburg ganz auflöste, änderte etwas an der Einteilung der Hopfensiegelbezirke.

Wenn wir alle bisher erläuterten Punkte betrachten, wird erkennbar, daß die Hallertau als tertiäres Hügelland geographisch und hinsichtlich des Hopfenbaus wirtschaftlich eine Einheit ist. Politisch gesehen besteht jedoch keine Einheitlichkeit. Das fast zu gleichen Teilen ober- und niederbayerische Hopfenanbaugebiet wird durch die Landratsämter von Pfaffenhofen a. d. Ilm, Kelheim, Landshut, Freising und zu einem kleinen Teil durch Neuburg-Schrobenhausen verwaltet. Fünf Landkreise aus zwei Regierungsbezirken kümmern sich also um die regionalen Belange des Hopfenanbauzentrums Hallertau.

Alle Versuche, aus dieser administrativen Vielfalt einen einzigen Hallertauer Landkreis zu bilden, scheiterten. „Das wäre sehr gut und von der Struktur her ausgeglichen gewesen, aber es blieb nur ein schöner Gedanke", so Bürgermeister Sebastian Kirzinger von Mainburg. Keiner der bereits bestehenden Landkreise wollte verständlicherweise Gebiete abgeben oder sich auflösen. Die landwirtschaftliche Sonderkultur Hopfen ist heute also das einzige Bindeglied innerhalb der modernen Hallertau.

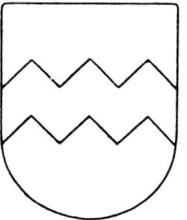

Geisenfeld

Als Geburtsstätte des Hallertauer Hopfenbaus bezeichnen die Geisenfelder Bürger stolz ihre Stadt.

Geisenfeld ist eine alte Siedlung im Norden der Hallertau. Die genauen Gründungsdaten sind allerdings nicht mehr bekannt. Aller Wahrscheinlichkeit nach liegen sie aber zwischen 700 n. Chr. und 800 n. Chr. Ein gewisser Giso oder Gisil soll als erster die Herrschaftsrechte über den neu gegründeten Ort ausgeübt haben.

In diesem Zeitraum fällt noch ein weiteres, für die Stadt und das Umland wichtiges Datum. 736 n. Chr. sollen kriegsgefangene Wenden – ein slawischer Volksstamm – auf Geisenfelder Boden den ersten Hallertauer Hopfengarten angelegt haben. Geisenfeld nennt sich deshalb die „Geburtsstätte des Hallertauer Hopfenbaus". Bis zur Jahrtausendwende war Geisenfeld eine kleine Siedlung. Erst im Jahre 1037 wurde mit der Gründung des Benediktinerinnenklosters durch Graf Eberhard II. aus dem Geschlecht der Ebersberger-Sempt der erste Meilenstein zur Entwicklung Geisenfelds zu dem „Kleinzentrum" von heute gesetzt. Das Kloster erhielt zahlreiche Grundschenkungen aus dem heutigen Kreisgebiet Pfaffenhofen a. d. Ilm und darüber hinaus. Geisenfeld entwickelte sich somit verwaltungsmäßig, kulturell und wirtschaftlich zu einem bedeutenden Mittelpunkt. Im Zusammenhang mit der Klostergründung wurde auch eine Braustätte errichtet und Bier ausgeschenkt. Diese leider heute nicht mehr bestehende Klosterbrauerei war deshalb eine der ersten Brauereien Bayerns. Das Wasser zur Bierherstellung wurde früher aus der Ilm gewonnen. Eine Äbtissin ließ vor Jahrhunderten im Südosten des ehemaligen Marktes an der Ilm ein Wasserhaus mit einem hölzernen Schöpfwerk errichten.

Im Jahre 1308 (nach neueren Quellen bereits 1281) erfolgte die Markterhebung Geisenfelds. 99 Jahre später errichteten die Bürger eine Ringmauer mit vier Toren um ihren Ort. Trotz der starken Befestigung gingen die zahlreichen Kriege nicht spurlos an Geisenfeld vorüber. Die Mauer selbst hielt sich aber noch knappe 400 Jahre, bis sie dem stetig wachsenden Ort zu eng wurde. 1804

Ein Dom der Hallertau ist die Stadtpfarrkirche Geisenfeld

Ein Hallertauer Kleinod: die vermutlich um 1230 erbaute Schloßkirche von Ainau (Bild unten: Portalbogen)

Geisenfeld

wurde die Ringmauer bis auf einen kleinen Rest abgebrochen. Ein Jahr zuvor löste man im Zuge der Säkularisation das Geisenfelder Frauenstift auf. Dekan Keck schrieb als Augenzeuge über den Abschied und Wegzug der Nonnen:

„Herzzerbrechend und von den bittersten Tränen begleitet war der Austritt vieler guter Kinder, da sie nun ihr so liebes, schönes und so viele Jahre mit wahrem Seelentroste und himmlischer Wonne bewohntes Kloster zu verlassen sich gezwungen sahen!"

Obwohl das Stift 1803 wegen finanzieller Nöte des Staates und aus einem neuen Zeitgeist heraus geschlos-

sen wurde, blieb ein großer Teil der Gebäude mit der Abteikirche bis in die heutige Zeit erhalten. 1804 übernahm die Pfarrgemeinde St. Emmeram das altehrwürdige Bauwerk von der „Churfürstlichen Landesdirektion".

Die beiden Türme der Pfarrkirche und der klotzige Wasserturm sind als Wahrzeichen der Stadt schon von weitem zu sehen. Die dreischiffige Basilika Maria Himmelfahrt zeigt allenthalben romanische Motive und somit ihren Ursprung aus jener Zeit. Nach dem Willen der Stifter weihte man die Kirche der seeligsten Jungfrau Maria und dem heiligen Bischof und Märtyrer Zeno. Im

Naturschutzgebiet Nöttinger Viehweide

Laufe der Jahrhunderte hat das Gotteshaus manche Ver-
änderungen erfahren, so daß von der Romanik über die
Gotik bis hin zum Barock fast alle Baustile vertreten
sind. Bei der 1971 durchgeführten Innenrenovierung
wurde auf die Barockfassung zurückgegriffen, die das
Bauwerk in den Jahren 1727–1730 unter der Äbtissin
Maria Caecilia Weiß erhalten hatte. Im Jubiläumsjahr
1980, 950 Jahre nach der Errichtung der Abteikirche,
war auch die Außenrenovierung im selben Stil abgeschlossen.

Mit dem Kloster und der Kirche besitzt Geisenfeld heute bemerkenswerte kunstgeschichtliche Details. Dazu

kommen noch andere steinerne Zeugen der stolzen Vergangenheit Geisenfelds, wie z. B. das 1626 erbaute alte
Rathaus (heute Hopfen- und Heimatmuseum) mit seiner Justitia-Darstellung und die ehemalige Schloßkirche
in Ainau mit ihrem prachtvollen romanischen Portal.
Eine wichtige Grundlage für seine weitere Entwicklung
erhielt Geisenfeld 1906 mit der allerdings 1988 einge-
stellten Zugverbindung nach Wolnzach-Bahnof und
mit der ab 1926 überall einsetzenden Bautätigkeit, welche sich besonders durch den Bau des Wasserturms im
Jahre 1934 und die dadurch verbesserte Wasserversorgung bemerkbar machte. Die jüngste Krönung in der

Das alte Rathaus der Stadt Geisenfeld. Die Justitia-Darstellung am Giebel soll von Balthasar Stoll stammen, einem Künstler, der von Berchtesgaden kam und um 1620 in Geisenfeld seßhaft wurde.

inhaltsreichen Geschichte Geisenfelds ist die Erhebung zur Stadt am 18. 11. 1952.

Von 1971 bis 1978 wurden Geisenfeld im Zuge der Gebietsreform elf Gemeinden mit einer Gesamtfläche von 88,33 qkm angeschlossen. Im Jahre 1978 folgte die Bildung einer Verwaltungsgemeinschaft mit der Nachbargemeinde Ernsgaden.

Die meisten Erwerbstätigen Geisenfelds arbeiten im produzierenden Gewerbe. Die Firma „Wolf", Deutschlands einziger Hopfenpflückmaschinenhersteller, dessen Produkte weltweit exportiert werden, ist hier ein bedeutender Arbeitgeber. Dennoch pendeln täglich viele Arbeitnehmer in die Industriezentren Ingolstadt, Vohburg und Manching sowie Münchsmünster und Neustadt a. d. Donau oder sogar nach München. Geisenfeld entwickelte sich dadurch teilweise zu einer Wohnstadt.

Der Bereich Land- und Forstwirtschaft steht in Geisenfeld an zweiter Stelle. Trotzdem spielt der Hopfenbau hier nach wie vor eine große Rolle. Auf etwa drei Fünftel der landwirtschaftlichen Nutzfläche wurden 1983 ca. 45 000 Ztr. Hopfen geerntet.

Den knapp 7900 Einwohnern werden mit einer Grundschule, einer Hauptschule, einer Realschule und einer Sonderschule vier Schultypen angeboten. Auch für eine gute ärztliche Betreuung ist gesorgt. Das stadteigene Krankenhaus wurde allerdings stillgelegt. Es wurde in ein Alten- und Pflegeheim des Caritasverbandes Regensburg umgebaut und 1985 eingeweiht.

Das Vereinsleben spielt in Geisenfeld eine wichtige Rolle. Im gesamten Stadtgebiet gibt es über 60 Vereine. Viele davon vertreten sportliche Interessen. 1980 wurde das neue Sportzentrum an der Jahnstraße seiner Bestimmung übergeben. Dazu kommen noch ein Hallenbad, das vom Landkreis im Zusammenhang mit dem Realschulbau errichtet wurde, und weitere Sportstätten, wie z. B. großzügig angelegte Tennisplätze, die in Eigeninitiative von sportbegeisterten Bürgern erstellt wurden.

Geisenfeld ist ringsum von Wald umgeben, der viele Bürger zu Radtouren und Wanderungen einlädt. Das Feilenmoos am Nordwestrand des Feilenforsts ist ebenfalls ein beliebter Ort der Freizeitgestaltung.

Dunkelbraune Erde, Stoppelfelder mit beigen Spitzen, dazwischen das lustige Glitzern von Wasser im goldgelben Gegenlicht der aufgehenden Septembersonne. Das sind die ersten Eindrücke von der flachen Moosland-

schaft, die mit zahlreichen Weihern und Baggerseen durchwirkt ist. Im Rahmen von umfangreichen Rekultivierungsmaßnahmen errichtete der Landkreis Pfaffenhofen a. d. Ilm an einem dieser Weiher ein Freizeitzentrum, das während der Sommermonate von mehreren tausend Erholungsuchenden bevölkert ist. Auf den benachbarten Baggerseen können die Surfer und Segler ihr Paradies finden. Baumgruppen rund um die Seen gliedern das Gebiet, geben dem Auge einen Vordergrund und lassen den Hintergrund noch mehr im transparenten Blau verschwinden. Die flache Landschaft erhält dadurch eine ungeheure Tiefe und Weiträumigkeit.

Unvermittelt wird die Stille unterbrochen. Das geschieht immer dann, wenn wieder einmal ein Düsenjäger im Tiefflug über die wenigen Baumwipfel donnert. Auch die scheinbar paradiesische Ruhe, die sonst allenfalls durch den unvermeidlichen Autoverkehr unterbrochen wird, kann eben nicht darüber hinwegtäuschen, daß am Nordrand der Hallertau die moderne Technik zu Hause ist. Nur runde 2 km nördlich des Freizeitzentrums ragen rotweiß lackierte Masten hinter einem kleinen Wald bei Forstwiesen hervor. Der Tower nebst Radar kündigt schon von weitem den militärischen Flugplatz von Manching an. Die Technik setzt sich sogar bis an den Horizont fort. Dort geben die hohen Kamine der Vohburger Raffinerie einen unübersehbaren Akzent. Technik also allenthalben im Dreieck Ingolstadt, Vohburg und Manching.

Auf der Höhe Nöttings, links der Straße von Geisenfeld nach Vohburg, kündigen schlanke Birken das Naturschutzgebiet „Nöttinger Viehweide" an, das sich bis an den Rand des Feilenmooses ausdehnt. Das Gebiet ist vor allem wegen seines alten Eichenbestandes und der vom Frühjahr bis zum Herbst sprichwörtlich märchenhaften Blütenpracht bekannt. Ein 3,5 km langer Wanderweg lädt hier zu einem ausgedehnten Spaziergang ein. Daß Nötting noch zur Hallertau gehört, bezeugen die umliegenden Hopfengärten, die sogar bis in den Ort hineinreichen.

Ungefähr 4 km nordöstlich von hier schmiegen sich die Straßberger Weiher an den Südwestrand des Dürnbucher Forsts. Diese große Teichanlage besteht nicht nur aus dem Unter- und Oberweiher, sondern auch aus einer Vielzahl von kleineren Becken, so daß das Gebiet insgesamt in annähernd 30 Teiche untergliedert wird. Die bemerkenswert schöne Teich- und Mooslandschaft

Der Dürnbucher Forst – das größte Hallertauer Waldgebiet

wurde vor allem durch die hier betriebene Fischzucht bekannt. Bereits im 18. Jahrhundert errichteten die Mönche an dieser Stelle Dämme, um die Weiher aufzustauen und mit der Fischzucht zu beginnen. Zwei kleine Bäche speisen heute die umfangreiche Teichanlage. Neben Zandern, Hechten und Grasfischen werden hier vorwiegend Karpfen und Schleien gezüchtet. Der Fischertrag wird vor allem als Besatzfisch für die Gewässer zahlreicher Sportfischereivereine verwendet. Als Speisefisch nimmt er nur eine unbedeutende Stellung ein.

Nebenher erprobt der Besitzer der Fischzucht ein bislang selten praktiziertes Modell. Er züchtet Hausenten, die sich auf seiner Teichanlage völlig frei bewegen dürfen. Die Enten tragen dazu bei, das ökologische Gleichgewicht der Fischweiher zu stabilisieren. Zum einen halten sie durch ihre Nahrungsaufnahme die Weiher sauber, zum anderen bekommen die Fische durch die Dün-

gerwirkung des Entenkots ein höheres Nahrungsangebot. Auf natürlicher Basis wird so versucht, eine Steigerung von Qualität und Quantität des Ertrags zu erreichen.

Mitten durch die Teichlandschaft verläuft die Bezirksgrenze, so daß die Straßberger Weiher in einen ober- und niederbayerischen Sektor geteilt werden. Der Dürnbucher Forst jedoch gehört fast ausschließlich zu Niederbayern. Dieses mit etwas mehr als 50 qkm größte Hallertauer Waldgebiet erstreckt sich grob umrissem zwischen Münchsmünster und Mühlhausen im Norden, Aiglsbach und Berghausen im Süden, Siegenburg im Osten und die Straßberger Weiher im Westen.

Noch im Mittelalter war der Forst ein „undurchdringlicher Urwald". Die Abgeschiedenheit der damals noch größeren Waldfläche und das dichte Unterholz boten genügend Unterschlupf und waren dadurch ein Paradies für Wild, Kleintiere und Vögel aller Art. Bei dieser

Straßberger Weiher

üppigen Fauna ist es kein Wunder, daß der Dürnbucher Forst vom 17. bis in die Mitte des 18. Jahrhunderts als das Lieblingsjagdrevier der bayerischen Fürsten galt. Erst Anfang des 19. Jahrhunderts begann man hier mit einer planmäßigen Forstwirtschaft. Seit dem Jahre 1923 gehört das westliche Drittel dem WAF (Wittelsbacher Ausgleichsfonds) und das östliche Drittel dem bayerischen Staat. Das verbleibende Drittel teilen sich private Nutzer.

Von dem ehemals „undurchdringlichen Urwald" ist natürlich heute nichts mehr zu sehen. Jeder Hektar Forst ist taxiert, kartiert und beschrieben. Die Bestockung des Waldes besteht vorwiegend aus Kiefer und Fichte. Laubholz, wie vor allem Buche, hat dagegen nur einen geringen Prozentanteil inne.

Eine Vielzahl von Forstwegen und kleinen Straßen quer durch den Wald erleichtern den notwendigen forstwirtschaftlichen Gütertransport und sichern die Versorgung zweier Dörfer im Forst. Bei diesen beiden Waldsiedlungen namens Umbertshausen und Geibenstetten, wie auch auf einer Waldlichtung am Kotiger Berg, wird Hopfen angebaut. An einer dieser Querverbindungen durch den Forst, dem Fahrweg von Umbertshausen nach Elsendorf, steht die „Mariahilfkapelle".

Den Abschluß des Waldgebiets bildet im Westen das Ilmtal, im Osten die Abens. Während der Südrand des Dürnbucher Forsts noch inmitten der typischen Hallertauer Hügellandschaft, in dem fast nicht überschaubaren Stangenmeer der zahlreichen Hopfenplantagen liegt, wird an seinem Nordrand die Landschaft zusehends flacher. Die tertiären Hügel gehen hier fließend in die Schotterterrasse der Donauniederungen über. Auch hier gibt es noch Hopfenplantagen, die aber im gleichen Maße weniger werden, wie sich die Hügel mit zunehmender Donaunähe immer mehr abflachen. Es entsteht eine neue Landschaftsform, die nun fast nichts mehr mit dem Kerngebiet der Hallertau gemein hat.

In diesem Gebiet liegt die älteste bayerische Stadt, die zugleich der jüngste Hopfensiegelbezirk der Hallertau ist – Neustadt an der Donau.

Seit dem Ende des 15. Jahrhunderts wird folgende Geschichte über das Leben und den Tod eines Einsiedlers im Dürnbucher Forst erzählt:

Johann, ein frommer und tugendhafter Bauer, lebte am Nordrand des Waldes. Durch den frühen Tod seiner

Petrochemie Münchsmünster

engen Angehörigen fühlte er sich zum Eremiten berufen. Er verschenkte seinen Besitz und zog sich in eine armselige Hütte in den Wald zurück. Als der Einsiedler eines Abends vor seinem Kreuz kniete und betete, brachen unvermittelt zwei finstere Gestalten in die Eremitage ein und forderten Geld. Johann schwor hoch und heilig, daß er keinen roten Heller besäße. Trotzdem mißhandelten und erdrosselten ihn die Räuber. Johann hing nun tot an einem Balken. Hastig durchsuchten die Mörder das armselige Hüttlein und versperrten, nach erfolgloser Suche, die Tür von innen, um einen Selbstmord vorzutäuschen. Das Diebesgesindel verschwand durch das Fenster, das es wieder vorsichtig hinter sich schloß.

Mit der Zeit vermißten die Vohburger Bürger den gottesfürchtigen Johann, der sonst regelmäßig die Spitalkirche aufsuchte. Schließlich brach man seine Hütte mit amtlicher Zustimmung auf und fand den Einsiedler am Balken hängen. Einen Mord ahnte niemand. Sein Leichnam wurde wie der eines Selbstmörders behandelt. Der Scharfrichter band den Toten an den Schweif eines Pferdes und ließ ihn durch den Wald und weiter nach Vohburg schleifen. Dort wurde er unter Verwünschungen am Galgenberg verscharrt.

Eines Tages kam ein blinder Mann an die Grabstätte des Eremiten und betete dort. Plötzlich fiel ihm ein Schleier von den Augen und er konnte wieder sehen. Auch ein Gelähmter, der dort betete, war unvermittelt geheilt. Die beiden Geheilten, die den meisten Leuten in der Stadt bekannt waren, erzählten überall von ihrer wundersamen Heilung. Dem hohen Rat und den geistlichen Würdenträgern Vohburgs, die sich nun in einer äußerst heiklen Situation befanden, kam ein Zufall zu Hilfe. Man ertappte die beiden Räuber auf dem Marktplatz beim Stehlen. Beim Verhör gestanden sie, daß sie den Einsiedler Johann auf dem Gewissen hätten. Als das bekannt wurde, zog eine feierliche Prozession hinaus zum Galgenberg. Die vornehmsten Würdenträger öffneten mit eigener Hand das Grab und der Bischof selbst hob den fast unversehrt gebliebenen Leichnam aus der Grube. In einem prunktvollen Sarg wurde der selige Johann auf dem Spitalfriedhof beigesetzt. Im Jahre 1753 kamen die Reliquien in einen goldenen Schrein, der in Goldbuchstaben die Aufschrift trägt: O.B.I.R. = Ossa beati Ioannis rustici, d. h.: „Gebeine des seligen Bauern Johann". Seitdem hat der Reliquienschrein in einer vergitterten Nische der Klosterkirche seinen Platz gefunden.

Im Nordwestteil des Dürnbucher Forstes wurde am 23. Mai 1820, nur wenige Meter neben der heutigen B 300, eine 5 m hohe Gedenksäule zu Ehren des Bauern Johann errichtet. An deren Spitze befindet sich eine Steintafel mit der Aufschrift: „Hier starb der selige Bauer von Vohburg durch Mörderhände".

Neustadt

Neustadt wurde in ältesten Zeiten zuerst Säligenstadt, später Nova Civitate, Niunstat, Niwenstat und Newstadt genannt. Im Jahre 1255 fiel sie bei der Nutzteilung der Herzöge von Bayern Herzog Ludwig II. dem Strengen zu, der ihr 18 Jahre später das Stadtrecht verlieh. „Neustadt a. d. Donau erhielt somit das älteste bayerische Stadtrecht", so der Alt-Bürgermeister Joachim Meier.

Zahlreiche kriegerische Auseinandersetzungen waren der Anlaß, daß die Neustädter Bürger ihre Siedlung schon recht bald durch eine Ringmauer mit sieben Wehrtürmen und drei Toren schützten. Trotzdem erlitt die Stadt im Laufe ihres Bestehens schwere Schicksalsschläge in Form von kriegerischer Gewalt, Bränden und Hunger, aber auch Pest und jährlichem Hochwasser. Am schwersten wurde Neustadt a. d. Donau gegen Ende des Zweiten Weltkriegs mit dem Donauübergang der Amerikaner getroffen. Im April 1945 wurde die Stadt dadurch zu ca. 80% zerstört. Trotz wirtschaftlich schwerer Zeiten war die Bevölkerung sehr bemüht, den Stadtkern in seiner ursprünglichen Form wiederaufzubauen. Dies spiegelt sich in der Gestaltung der Fassaden wider: „...sicherlich ist es nicht mehr das geworden, was es früher war; aber man kann ja auch Altes nicht durch Neues ersetzen", so Alt-Bürgermeister J. Meier über das heutige Stadtbild.

Mit der Hochwasserfreilegung der Stadt in den Jahren 1956-1958 ist eine Wende im Geschick Neustadts eingetreten, denn nun konnte die Ansiedlung namhaf-

Vor der Kulisse des wiederaufgebauten Neustadt a. d. Donau findet alljährlich im September das altbairische Stadtfest statt

Kinder in Neustädter Tracht vor der St.-Anna-Kirche

Jugend-Volkstanzgruppe des Trachtenvereins Neustadt

Neustädter Jungbläser

Jeder Neustädter Verein besitzt eine eigene Pergola zur Bewirtung seiner Gäste. Als Rahmenprogramm bietet das Stadtfest einen Flohmarkt,...

ter Industriebetriebe erwirkt werden. Besonders nachhaltig war die Ansiedlung der Raffinerie in den Jahren 1960–1964. Dort sind zur Zeit an die 450 Mitarbeiter beschäftigt, die zum Großteil mit ihren Familien aus Norddeutschland hierher gezogen sind. Dadurch erfuhr die Stadt einen enormen Einwohnerzuwachs. Insgesamt bietet die Kleinindustrie 4500 Arbeitsplätze. Ein weiterer wesentlicher wirtschaftlicher Faktor für die Stadt und ihren großen Einzugsbereich sind die zahlreichen Gewerbebetriebe aus allen wichtigen Sparten.

Neustadt a. d. Donau, nach dem bayerischen Landesplanungsgesetz als Unterzentrum eingestuft, fühlt sich heute aber nicht nur als kleine Industrie-, sondern auch als eine Wohnstadt. Täglich pendelt ein nicht unerheblicher Prozentsatz der Einwohner zur Arbeit in die nahegelegenen Industriezentren. Seit dem Kriegsende 1945 ist Neustadt a. d. Donau sehr nach Ingolstadt orientiert. Dort gibt es nicht nur Arbeitsplätze, sondern auch weiterführende Schulen, gute Einkaufsmöglichkeiten und ein Krankenhaus. Nach Ingolstadt besteht eine sehr gute Verkehrsverbindung, sei es nun mit dem Privatwagen oder per Bahnbus. Ferner besitzt Neustadt a. d. Donau noch einen eigenen Bahnhof und ist somit Haltestation der Deutschen Bundesbahn.

Im Stadtkern Neustadts a. d. Donau hat sich die Landwirtschaft erheblich reduziert. Heute gibt es dort nur mehr einen landwirtschaftlichen Betrieb. In den Ortsteilen spielt die Landwirtschaft aber nach wie vor die Hauptrolle. Die landwirtschaftlichen Betriebe in den Gemarkungen Mühlhausen, Ulrain und Geibenstetten sind zu über 50% auf den Hopfenbau ausgerichtet. Die Gemeindeteile am Donaunordufer, wo auch Hopfen angebaut wird, gehören allerdings nicht mehr zur Hallertau, sondern zu dem Anbaugebiet Jura und dem Siegelbezirk Altmannstein.

Für die knapp 10 000 Einwohner stehen alle notwendigen Grundversorgungseinrichtungen zur Verfügung.

... einen Roßmarkt ...

Das kleine stadteigene Krankenhaus wurde zwar im Zuge der Krankenhausreform stillgelegt, dafür ist in ihm heute ein Altersheim untergebracht. Besondere Bedeutung für die kleine Industriestadt hat ihr Ortsteil Bad Gögging mit dem anerkannten Heilbad. Eine gesunde Mischung aus gewerblicher Wirtschaft und modernem Kurbetrieb ermöglichte die Entwicklung Neustadts zur – bezogen auf die Einwohnerzahl – steuerstärksten Gemeinde im Landkreis nach der Kreisstadt Kelheim selbst.

Das kulturelle Leben stützt sich auch hier auf die zahlreichen Vereine, wovon es im gesamten Gemeindegebiet an die 180 Stück gibt. Wichtig sind vor allem die insgesamt 13 freiwilligen Feuerwehren. Man benötigt sie unbedingt als Treff für junge Leute und als „Mädchen für alles".

... und eine Ausstellung alter Feuerwehrgeräte

Abensberg

Im Nordosten Neustadts, der ältesten Stadt Bayerns, fließt mitten durch den Ortsteil Bad Gögging das Hallertauer Flüßchen Abens. Es befindet sich von der Quelle bis zur Mündung auf Hallertauer Boden. Die Abens entspringt unweit von Sünshausen, dem höchsten Punkt der Hallertau, und mündet bei Eining, vereint mit der Ilm, in die Donau. Von dem insgesamt an die 76 km langen Flußlauf erhielt die Stadt Abensberg ihren Namen. Abensberg steht auf prähistorisch wie historisch vorbelastetem Boden. Zahlreiche archäologische Funde beweisen, daß im weiteren Umfeld der Stadt und sogar im Ortsbereich Menschen aus den verschiedensten Kulturepochen weit vor unserer Zeit gelebt haben müssen. Alfons Kistler, der Verfasser einer Broschüre über die Stadt Abensberg, nennt Graf Babo II. als Begründer Abensbergs. Der Graf regierte von 1002 bis 1058 (Nekr. Weltenburg) und war 1029 Schirmvogt von Geisenfeld. Graf Babo II. soll der Vater von 32 Söhnen und acht Töchtern gewesen sein. Seine zahlreichen Kinder verteilten sich im weiteren Gebiet um die Stadt und darüber hinaus. Die Söhne traten das Erbe des Vaters an und wurden Schirmvögte, Friedensvermittler und Stifter von Kirchen und Klöstern. Durch Heirat vermehrten sich natürlich die eigenen Besitztümer, so daß man in der Hallertau zuweilen den Namen eines Nachkommens des Grafen Babo in der frühen Geschichte von Kirchen, Klöstern, Schlössern, Märkten und Städten findet. Seine Burg, die an der Südostecke der Stadt liegt, hat auch heute noch als Ruine ein imposantes Erscheinungsbild. Diese Burg wird urkundlich erstmals 1256 n. Chr. als „castrum Abensperch" genannt.
100 Jahre später bestimmten die Söhne des 1347 verstorbenen Kaisers Ludwig des Bayern, daß der kaisertreue Graf Ulrich III. „...zu Abensberg einen Markt haben sollte, daß er seinen Markt mit Gräben und Mauern schützen dürfe, wie es ihm am besten entspreche." Das Marktsiegel ist seit 1358 überliefert. Graf Ulrich III.

befestigte den Markt zur Erinnerung an die zahlreichen Kinder des Stammvaters Babo mit 32 Rundtürmen und acht Ecktürmen. Hinzu kamen noch drei Tortürme und eine Zugbrücke. Ein knappes halbes Jahrhundert später erscheint Abensberg in Urkunden erstmals als Stadt.
Am 28.Februar 1485 starb der letzte Nachkomme aus dem sagenhaften Babonengeschlecht, Graf Niklas, durch die Lanze eines Ritters. Zwei Tage darauf wurde der hünenhafte Abensberger nach alter Sitte mit Helm und Schild in der Kirche des Abensberger Karmeliterklosters beigesetzt. In der Erinnerung der Abensberger lebt der streitbare Graf wegen der von ihm begründeten sogenannten Babonenspende bis in die heutige Zeit fort. Wie bei der Marktbefestigung spielte auch hier die stattliche Kinderzahl des Stammvaters Babo eine gewichtige Rolle. Zur Erinnerung ließ Graf Niklas jährlich „32 schaf Khorn abensberger mas" (1 abensberger mas = 8 Zentner) und 32 Rinder an die armen Leute der Stadt verteilen. Trotz der vielen Daten ist die genaue Geschichte Abensbergs umstritten.
Über das Ende der Babonen hinaus behielten die Stadt Abensberg und das Schloß noch eine Zeitlang ihren Glanz. Der Landmesser und Kartograph Philipp Apian schrieb in seiner Beschreibung des Herzogtums Bayern über Abensberg:„urbs et arx est magnifica…" – die Stadt und die Burg sind prachtvoll.
In vielen Kriegen wurde nach und nach der Glanz der einstigen gräflichen Residenzstadt zerstört. Am 20. April 1809 fand die Schlacht bei Abensberg statt, die Napoleon selbst befehligte. Knappe 100 Jahre später mußten zwei Tore und Teile der Stadtmauer dem Straßenverkehr weichen. Im letzten Weltkrieg wurde Abensberg gegen den Willen der SS zur Lazarettstadt erklärt und nur verhältnismäßig gering beschädigt.
Trotz aller Kriege, Schlachten und Zerstörungen in der Vergangenheit läßt sich das historische Stadtbild heute noch recht gut erahnen. Vor Teilen der alten Stadtmauer mit ihren Türmen, dem Regensburger Tor, dem Herzogkasten am Aventinusplatz und, an derselben Stelle, der alten Burg als Ruine kann sich der Besucher gedanklich in das 13. Jahrhundert zurückversetzen. Es ist eine Fußgänger- oder zumindest eine verkehrsberuhigte Zone geplant, die dem renovierten Zentrum einen bürgerfreundlichen Rahmen geben wird. Durch die gezielte Sanierung gewinnt Abensberg sicherlich noch mehr als jetzt den Eindruck eines historischen Landstädtchens mit idyllischen und malerischen Winkeln. Dies und vor

Der renovierte Maderturm, ein Teil der alten Abensberger Stadtmauer

Der Lichthof des Aventinus-Museums

allem das noch erschwingliche Bauland sind Gründe, warum viele Auswärtige Abensberg zu ihrem festen Wohnsitz wählen. Gearbeitet wird größtenteils nicht hier, sondern in den angrenzenden Industriezentren von Kelheim, Neustadt a. d. Donau und Ingolstadt. Abensberg entwickelte sich also zu einer Wohnstadt. Die Stadt wuchs aber nicht nur durch den Zustrom von außen. In den 70er Jahren wurden Offenstetten, Sandharlanden, Arnhofen und Pullach eingemeindet. Für die mittlerweile ungefähr 9500 Einwohner stehen Grundversorgungseinrichtungen in ausreichendem Maße zu Verfügung.

Gesellschaftliche, sportliche und kulturelle Höhepunkte bieten ein interessantes Freizeitangebot. Abensberg hat 58 eingetragene Vereine, dazu eine stattliche Anzahl an Festen, wovon der „Gillamoos" jedes Jahr im September das bedeutendste ist. Der Spargel, der seit Anfang dieses Jahrhunderts in Abensberg angebaut wird, bildet sicherlich einen kulinarischen Höhepunkt. Als sportliches „Highlight" gelten überregional die internationalen Speedwayrennen mit über 10 000 Besuchern. Als kulturelle Höhepunkte darf man auch zweifellos alle Einrichtungen und Veranstaltungen zählen, die mit dem „berühmtesten Sohn der Stadt", dem bayerischen Geschichtsschreiber Aventinus, in Verbindung stehen.

Auf dem Abensberger Stadtplatz steht noch heute das Haus, in dem er am 4. Juli 1477 als Sohn des Gast-und Weinwirts Peter Turmair geboren wurde. Aventinus hieß eigentlich Johannes Turmair. Erst später latinisierte er, einem Brauch seiner Zeit folgend, seinen Namen und nannte sich fortan Aventinus, was übersetzt der Abensberger bedeutet. Am 9. Januar 1534 starb der bayerische Geschichtsschreiber, noch nicht 57 Jahre alt. Bei Sankt

Der Kreuzgang im Aventinus-Museum mit dem Babonengrab

Emmeram in Regensburg wurde er beigesetzt. Ein Abguß seiner Grabplatte befindet sich im Abensberger Aventinus-Museum.

Dieses Museum ist seit Oktober 1961 in den renovierten Räumen des ehemaligen Karmeliterklosters untergebracht. Im ersten Stock des Gebäudes werden in mehreren Abteilungen prähistorische und historische Funde aus der Stadt und der Region gezeigt. „Diese Sammlung kann sich auf Landkreisebene sehen lassen", meint Bürgermeister Klingshirn. Im renovierten gotischen Kreuzgang des Aventinus-Museums, den eine sehr gute Akustik auszeichnet, finden gelegentlich in den Sommermonaten Konzerte statt.

Frühling in der Hallertau

Abensberg nennt sich „das Tor zur Hallertau", und tatsächlich beginnt am Südrand der Stadt mit der B 301, der deutschen Hopfenstraße, der Weg in das Kerngebiet der Hallertau zwischen Mainburg, Au i. d. Hallertau und Wolnzach. Hier nehmen nicht nur die tertiären Hügel zu, hier häufen sich auch die für die Hopfenkultur so typischen Gerüstanlagen, die aus abertausend Holzmasten bestehen. 165 solcher Masten aus imprägniertem Fichten- und Kiefernholz bilden den Grundstock für einen Hektar Gerüstanlage. Darüber ist ein Netz aus Stahldraht gespannt, das bis zur Erntezeit die ganze Last eines ausgewachsenen Hopfenbestandes tragen muß. So eine Gerüstanlage kostet insgesamt etwa 38000 DM pro Hektar und hat eine Lebensdauer von etwa 20 Jahren. Alle Wartungs- und Instandsetzungsarbeiten an den Hopfengärten werden außerhalb der Saison, also von Oktober bis März durchgeführt. Dann beginnt im Frühling das Hallertauer Hopfenjahr.

Im Hallertauer Frühling verlaufen die Himmelsfarben von Blau bis ins Türkis. Dazwischen sind wunderbare bayerisch-barocke Wolken. Man hat das Gefühl, daß sich das Wetter noch nicht so richtig entscheiden kann, ob es nun regnen soll oder ob schon die ersten Strahlen der Frühlingssonne bis zum Ackerboden vordringen sollen. Auf den Bäumen, Sträuchern und Äckern sprießt es allenthalben. Das frische junge Grün leuchtet förmlich im Sonnenlicht. Dazwischen eingebettet liegen mit Löwenzahn übersäte Wiesen und vor allem der intensiv leuchtend gelbe Raps, der dominierend die Hallertauer Frühlingslandschaft prägt.

Mitte bis Ende April besteht die erste Frühjahrsarbeit neben dem Düngen mit Stallmist und Mineraldünger im „Aufdecken" und Schneiden der Hopfenstöcke. Dieser Vorgang wurde früher in aufwendiger Handarbeit mit Haue und Messer durchgeführt. Heute werden eigens für diesen Zweck konstruierte Aufdeck- und Schneidegeräte verwendet, die den ganzen Arbeitsvorgang in einem Stück bewältigen. Ende April hängen bereits fast

Wie überall in Bayern, ist auch in der Hallertau das Maibaumaufstellen ein alter Brauch. Die Bilder zeigen den Burschenverein von Untermettenbach bei der Ausübung dieser Tradition.

Zwei Taglöhnerinnen bei Frühjahrsarbeiten im Hopfengarten

überall in den Hopfenplantagen die sogenannten „Aufleitdrähte". Pro Hektar wurden in den Wochen zuvor je nach Hopfensorte 3600 bis 4500 dieser Drähte gespannt – für jeden Stock einen. Sie werden mit Hilfe einer sogenannten „Kanzel", einer Art Arbeitsplattform, die, verkoppelt mit einem Traktor, höhenverstellbar ist, am Drahtnetz befestigt. An diesen dünnen Metallschnüren werden sich die Hopfenranken bis zur Erntezeit Ende August ca. 7 m hoch emporwinden. In der Perspektive gestaffelt wirken die Aufleitdrähte wie die Saiten einer Harfe, und wenn sich der Wind in diesen Drähten fängt, intoniert der Hopfengarten ein leises Pfeifen. Drei Wochen später sind aus dem Wurzelstock zwischen 40 und 60 Triebe herausgewachsen. Es ist jetzt Mai, und für die Hopfenpflanzer beginnt die mühselige Arbeit des „Ausputzens" und „Aufleitens". Fast der ganze Tag wird auf den Knien verbracht, um den Wurzelstock bis auf die zwei oder drei

längsten Triebe zu beschneiden oder, wie es in der Fachsprache heißt, auszuputzen. Diese Triebe werden danach im Uhrzeigersinn um den Aufleitdraht geschlungen. Den Vorgang nennt der Hopfenbauer „Aufleiten". Oft sind ganze Gruppen von Familienmitgliedern und Tagelöhnern in den Hopfengärten mit dieser Arbeit beschäftigt.

Typisch für diese Jahreszeit sind in der Hallertau nicht nur die bevölkerten Hopfengärten, sondern auch die zahlreichen frisch gesetzten Maibäume. Der Maibaum ist der Rest eines heidnischen Brauchs, der das Weiterleben der Sippe und das Wachstum und Gedeihen auf dem Hof und auf den Feldern bewirken sollte. Fast in jeder Hallertauer Ortschaft steht ein solches Sinnbild des Lebens und der Fruchtbarkeit. Mal sind sie üppig geschmückt, dann wieder nur mit grünen Girlanden umschlungen und behangen. Daß man an den Maibaum auf vielen Querlatten übereinander Handwerks- und

Gewerbezeichen sowie Trachtenfiguren und sonstige Symbole montiert, ist erst seit dem 18. Jahrhundert Brauch. Wie viele Maibäume trägt auch der von Enzelhausen einen Spruch. Der Burschenverein des Dorfs schrieb auf eine Tafel: „Einigkeit ist des Dorfes Zier. Wer nichts davon hält, der verschwind von hier."

Gleich neben diesem Maibaum steht ein echter, lebendiger Baum. Ein Bauer, der zufällig des Wegs kam, erzählte, daß dies eine 200jährige Linde sei, die sich gerade dieses Jahr von ihrer besten Seite zeigen würde. Die grünen Blätter der Linde leuchten im starken Vorderlicht der Sonne. Durch den tiefblauen Himmel wirkt das Leuchten noch intensiver. Am Fuße des Baumes blüht Löwenzahn und im Hintergrund spitzen noch die Teile eines Hopfengartens hervor. Im Ausschnitt ist das ein bezaubernder Anblick. Auf den ersten flüchtigen Blick wird man solche Bilder allerdings kaum entdecken. Die Linde steht an einer scharfen Rechtskurve

der B 301, am Rande einer Hallertauer Gemeinde. Sie ist leicht zu übersehen, da die Stelle unauffällig und etwas versteckt ist.

Die Hallertau ist eben keine aufdringliche Landschaft, die den Betrachter mit außergewöhnlichen Eindrücken überhäuft. Sie versteckt sich gerne und gibt ihre Naturschönheiten nicht jedermann auf den ersten Blick preis. Dasselbe gilt natürlich auch für die Feinheiten und Details der Architektur, ob profan oder sakral, für die hervorragende Gastronomie oder das praktizierte Brauchtum, das die traditionsbewußten Hallertauer für sich selbst und nicht nur für die Touristen pflegen. Um solche außergewöhnlichen Details selbst erleben zu können, muß man natürlich die Autobahnen und Durchgangsstraßen meiden und auf eigene Faust mit offenen Augen die Hallertau auf den kleinen Nebenstrecken durchfahren. Ein solcher Abstecher könnte beispielsweise von dem an der Abens gelegenen Kloster

Die romanische Basilika von Biburg

Biburg, nur wenige Kilometer südöstlich von Abens-berg ausgehen.

Das ehemalige Benediktinerkloster besitzt eine der größten, schönsten und noch am ursprünglichsten erhaltenen romanischen Kirchen Bayerns. Die riesige Klosterbasilika wird heute als Pfarrkirche verwendet. Direkt angebaut an das Gotteshaus ist ein gotischer Klostertrakt, in dem heute ein Hotel mit angeschlossenem Gastronomiebetrieb untergebracht ist.

Von hier aus führt, vorbei an Hopfengärten, eine kleine Nebenstraße nach Siegenburg. Sie gewinnt zunehmend an Höhe, bis sie auf ihrem Gipfelpunkt rechter Hand ein schmiedeeisernes Kreuz zwischen zwei Birken erreicht. Von dieser Stelle aus sieht man rückblickend gerade noch die zwei Kirchtürme des Klosters Biburg und den Turm der Wallfahrtskirche von Allersdorf über einen dichtbehangenen Hopfengarten hervorspitzen. Blickt man in Fahrtrichtung, so liegt westlich das weit-läufige Abenstal und vor einem der Weiler Perka. Der Straße folgend, entdeckt man nach wenigen Metern am linken Straßenrand zwei merkwürdige Steine. Ihre Form gleicht der eines bis zum Querbalken versunkenen Kreuzes. Am oberen Ende besitzt jeder Stein eine tiefe Mulde mit deutlichen Spuren von Gesteinsabrieb. Darin liegt jeweils ein faustgroßer Feldstein. Wenn man mit diesen Steinen auf die beiden „versunkenen Kreuze" schlägt, beginnen sie zu klingen. Der rechte Stein klingt dumpf und dunkel, der linke dagegen hell und freund-lich. Diese Steine sollen zwei Knechte symbolisieren, die sich um die Magd gestritten haben, wobei einer den anderen erschlagen wollte und sie beide auf einen Schlag tot umgefallen sind. Der hell klingende Stein steht für den guten, der dumpf klingende für den bösen Knecht. Die kleine Nebenstraße endet nach 2,5 km bei der Hopfensiegel- und Aufbereitungsanstalt des Marktes Siegenburg am Ortseingang.

Das Portal der romanischen Basilika

Marterl bei Perka

Die klingenden Steine von Perka

Siegenburg

Der Markt Siegenburg wird in urkundlichen Aufzeichnungen erstmals im Jahre 895 erwähnt. Er liegt an der Bundesstraße 299, der ehemaligen sogenannten „Salzstraße" auf dem Handelsweg von Nürnberg nach Salzburg.

Nach Aventinus soll der Ort seinen Namen von dem Sieg der Bayern über die Welschen bei Abensberg erhalten haben. Der Ortsname könnte auch vom durch den Ort fließenden Siegbach abgeleitet sein. Die Entwicklung des Ortsnamens soll sich wie folgt vollzogen haben: Sieg–Siegberg–Siegburg–Siegenburg.

Ein anderer Autor ist der Ansicht, daß Siegenburg seinen Namen bereits im 9. Jahrhundert von dem Stammvater des Siegenburger Grafengeschlechts, einem gewissen „Sigo" erhielt. Sigo wird von einem weiteren Autor als Abkürzung eines Vollnamens gedeutet. Demnach soll Siegenburg die Schutzstätte (Burg) des Sigo, z. B. Siegfried oder Siegbert gewesen sein.

Das Fazit aus diesem etymologischen Verwirrspiel ist, daß sich der Ursprung des Ortsnamens „Siegenburg" heute nicht mehr exakt nachweisen läßt.

Nachkommen aus dem Abensberger Babonengeschlecht sollen im 11. Jahrhundert die Herren zu Siegenburg und Ratzenhofen gewesen sein. Nach Erlöschen dieses alten Siegenburger Adelsgeschlechts ging der Ort an die bayerischen Herzöge über.

Siegenburg erhielt zweimal das Marktrecht. Die erste Urkunde, die im frühen 14. Jahrhundert durch Kaiser Ludwig dem Bayer vergeben wurde, ist verlorengegangen. Im Jahr 1379 verliehen dann die Herzöge Stephan, Friedrich und Johann nochmals das Marktrecht.

Im Laufe der folgenden Jahrhunderte wurde Siegenburg von allen kriegerischen Auseinandersetzungen betroffen, die sich auch im übrigen niederbayerischen Raum abspielten. Die alte Siegenburger Burg wurde dabei ebenfalls zerstört. An derselben Stelle erbaute der Siegenburger Bürger und Ratsherr Leonhard Pilbis um 1540 ein neues Schloß. Im Dreißigjährigen Krieg wurde dieses Schloß abgebrochen und danach durch den Erbmarschall und Obrist-Wachtmeister Oswald Egg wieder aufgebaut.

Erneut folgten kriegerische Einfälle und schwere Brandkatastrophen, die den Markt und das Schloß mehrfach schwer beschädigten. Leider sind bei diesen Großbränden die Unterlagen über die Entstehungsgeschichte des Schlosses verlorengegangen.

Trotz allem Unbill ist Siegenburg „durch Fleiß und Ausdauer seiner Bewohner das geworden, was es heute ist: eine Perle der schönen Hallertau", so Fritz Schmid, Erster Bürgermeister von Siegenburg, in seinem Buch „Markt Siegenburg – Vergangenheit und Gegenwart".

Einen wesentlichen Anteil am raschen Aufblühen des Marktes Siegenburg hat der Hopfenbau. Seit 1846 ist der Markt ein Hopfensiegelbezirk. Die somit drittälteste Hopfensiegelgemeinde in der Hallertau liegt mit seiner Abwaage derzeit an vierter Stelle. Der Hopfenanbau ist heute also ein bedeutender wirtschaftlicher Faktor der Marktgemeinde.

Die Landwirtschaft sowie eine Anzahl von Handwerksbetrieben, Einzelhandel und gesunde Mittelstandsunternehmen stellen ein solides Angebot an Arbeitsplätzen für die Siegenburger Bürger. Von den ehemals fünf Brauereien ist allerdings nur mehr eine einzige übriggeblieben. Der Preisdruck und der Wettbewerb auf dem Markt sind so hart geworden, daß eine kleine Brauerei kaum mehr existieren kann. Das heimische Arbeitsplatzangebot genügt natürlich nicht für alle Siegenburger Arbeitnehmer. Deshalb pendeln viele täglich nach Kelheim sowie nach Ingolstadt und München in die Automobilindustrie.

Siegenburg ist heute ein Kleinzentrum mit 2400 Einwohnern. Die Verwaltung des Marktes wird über eine Verwaltungsgemeinschaft abgewickelt, der sich noch die Gemeinden Biburg, Kirchdorf, Train und Wildenberg angeschlossen haben. Trotz dieser „Administration unter einem Dach" sind die einzelnen Gemeinden eigenständig geblieben. Jede hat ihren eigenen Bürgermeister, Gemeinderat und Haushalt.

Siegenburg größtes Problem ist die anhaltende Fluglärmbelastung durch Jets, die zwischen 67 und 70 Dezibel liegt. Durch diese Lärmbelastung kommt Siegenburg in die Lärmschutzzone II, was bedeutet, daß weder öffentliche Bauten gefördert, noch Baugebiete neu ausgewiesen werden dürfen. „Dann sind wir praktisch zum Aushungern verurteilt", so Bürgermeister

Hopfenzupfer bei der Arbeit

Die Domkirche St. Nikolaus in Siegenburg

Der Siegenburger Marktplatz während der Hallertauer Hopfenzupfermeisterschaft

Volkstanz des Hallertauer Volkstrachtenvereins

Mariensäule

Alter Brauereikamin

Fritz Schmid. An dieser Situation von 1983 hat sich bis heute nichts Wesentliches verändert. Der Fluglärm und zudem die Sprengungen auf dem Luft- und Bodenschießplatz im Dürnbucher Forst – auf einer Rodungsfläche von 276 ha ist hier ein der NATO unterstellter Bombenabwurfplatz angelegt – belästigen weiterhin die Bewohner Siegenburgs. Nur für den Ferienmonat August konnte eine 14tägige Flugpause erwirkt werden. Im Zentrum Siegenburgs liegt der Marktplatz mit seiner Mariensäule, dem neu errichteten Rathaus und den alten Brauereianwesen mit dekorativen Details. Von hier aus sieht man auch die in den Jahren 1892 und 1893 im italienischen Barockstil erbaute St.-Nikolaus-Kirche. Im Volksmund wird sie der „Dom der Hallertau" genannt.

Hinter dem neuen Rathaus neben dem Pilbis-Schloß befindet sich noch eine architektonische Besonderheit Siegenburgs, ein im Jahre 1716 erbautes Holzblockhaus mit Greddach. 1978 erfolgte seine Freilegung und die Wiederherstellung des alten Bauzustandes durch den Ingenieur-Architekt Fritz Schmid. Für diese Maßnahme verlieh ihm 1982 der Bayerische Landesverein für Heimatpflege die Medaille für „vorbildliche Heimatpflege". In Siegenburg sind alle für ein Kleinzentrum geforderten Grundversorgungseinrichtungen wie Grund- und Hauptschule, Kindergarten und ärztliche Betreuung vorhanden. Das gemeindeeigene Krankenhaus wurde allerdings 1977 geschlossen. Es ist heute an ein privates Seniorenpflegeheim vermietet.

Pilbis Schloß

Altes Hallertauer Holzblockhaus

Für Freizeit und Sport stehen in Siegenburg ein gemeindliches Freizeit- und Schwimmsportzentrum, Wander- und Radwege sowie viele weitere Betätigungsmöglichkeiten von Kegeln bis Tennis zur Verfügung. In der Freizeitgestaltung spielen auch die etwas mehr als 20 Vereine eine wichtige Rolle. Der Hallertauer Volkstrachtenverein erwarb im Jahr 1976 den „Wittmann-Saal", der mit seinen 650 Sitzplätzen für alle Großveranstaltungen im Markt benutzt wird.

Siegenburg liegt verkehrsmäßig günstig am Schnittpunkt der Bundesstraßen 301 und 299. Die Letztgenannte wird seit 1980 in einer Umgehung um den Ort geführt. 1986 ist noch eine weitere wichtige Verkehrsader hinzugekommen, die für Mittel- und Ostbayern dringend benötigte Autobahn A93 Hallertau–Regensburg. Die durchgehende Autobahn zwischen München und Regensburg wurde mit der Fertigstellung der letzten Teilstrecke verwirklicht. Am 28. 8. 1986 gab Staatssekretär Dr. Heinz Rosenbauer zusammen mit Bundesverkehrsminister Dr. Werner Dollinger den 15,8 km langen Autobahnteilabschnitt (Gesamtkosten 80 Mio. DM) Abensberg–Elsendorf der Bundesautobahn A93 für den Verkehr frei. Am „Egelseeberg", knappe 2 km südlich von Siegenburg, wurde in der Nähe des Hoch- und Deutschmeister-Denkmals, das an die Verluste dieses Regiments im Krieg gegen Napoleon erinnern soll, ein Rastplatz errichtet. Von hier aus ist dieses Denkmal erreichbar, und eine gute Aussicht auf Siegenburg und Umgebung möglich.

Autobahndreieck „Holledau"   *Zwischen Elsendorf und Regensburg*

Die Bilder zeigen den Anfangs- und Endpunkt der A93 innerhalb der Hallertau. (Die Fotografien sind Reproduktionen aus der Broschüre A93, mit freundlicher Genehmigung der Autobahndirektion Südbayern, vertreten durch Herrn Hans-Dieter Berg).

Autobahn A93 in der Gegend von Elsendorf im Bau

Denkmal am Egelseeberg

Schloß Ratzenhofen

*Altes Hallertauer
Bauernhaus in
St. Johann*

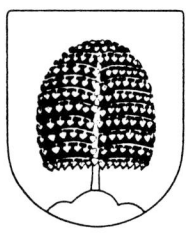

Mainburg

10 km Luftlinie südlich von hier liegt links und rechts der Abens eine Stadt, die etwas mit Rom gemein hat: Auch sie liegt auf sieben Hügeln – Mainburg, der geographische Mittelpunkt des Hopfenanbaugebiets Hallertau.

Bereits zu prähistorischen Zeiten war Mainburger Boden ein beliebter Siedlungsort. Zahlreiche Funde, von der Steinzeit bis zu den Kelten, beweisen dies. Der Grundstein des heutigen Mainburg wurde jedoch nicht vor Christi Geburt gelegt. Über die Anfänge der Siedlung Mainburg erzählt Dr. Jh. B. Prechtl von „30 Häusern, rechts der Rinne, in der Au", die am Fuße des ehemaligen Hofbergs, dem heutigen Salvatorberg lagen. Dieses ehemalige Gut gehörte damals zur Pfarrei Pötzmes.

Die benachbarte frühmittelalterliche Siedlung und Pfarrei Schleißbach, die im Jahre 825 n. Chr. erstmals urkundlich erwähnt wurde, hatte ursprünglich nichts mit Mainburg gemein, obwohl sie heute im Stadtbereich liegt.

Die Entwicklung Mainburgs zu dem bedeutenden Zentrum von heute begann erst, als im Jahre 1220 Graf Mainhart II. von Rottenegg, ein Sprößling aus dem Abensberger Babonengeschlecht, auf dem heutigen Salvatorberg eine Burg erbaute. Im Jahre 1270 wurde Mainburg als „castrum meinberch" erstmals urkundlich erwähnt. Graf Mainhart II. ist also mit seinem Namen der Stadt Pate gestanden. 1279 erwarb Herzog Ludwig der Strenge die Grafschaft Mainburg und ließ den Ort mit einer Mauer, mit Wehrtürmen und drei Toren befestigen. Das wehrhafte mittelalterliche Mainburg bot also günstige Voraussetzungen, um Märkte abzuhalten und wurde seither als Markt geführt. Am 20. 12. 1551 bestätigte Herzog Albrecht V. alle bestehenden Märkte.

Neben starken Verwüstungen durch mehrmalige Kriegseinfälle – besonders während des Dreißigjährigen Krieges, in dem z. B. das Schloß auf dem Hofberg (Salvatorberg) unwiederbringlich zerstört wurde –

legten zudem verheerende Brände Mainburg wiederholt in Schutt und Asche (u. a. 1756 und 1863).

Trotz der vielen Katastrophen gelang es den Mainburger Bürgern, ihren Ort immer wieder aus den Trümmern erstehen zu lassen. Von den beiden Weltkriegen ist Mainburg ziemlich verschont geblieben; es mußten keine größeren Wiederaufbauarbeiten geleistet werden.

Mainburg hat sich im Laufe der Jahrhunderte stetig ausgeweitet und die angrenzenden Gemeinden verschluckt. Dies geschah auch mit den Orten Schleißbach und Schüsselhausen, die noch zu Anfang dieses Jahrhunderts als „Vormärkte" Mainburgs geführt wurden. Der mittelalterliche Weiler Englmarsdorf, der sich ebenfalls auf Mainburger Boden befand, versank bei einem großen Erdbeben im Jahre 1348.

1954 wurde Mainburg zur Stadt erhoben. Das 1901 errichtete Bezirksamt führte im Zeitraum von 1938 bis 1972 die Bezeichnung Landratsamt. Mainburg war folglich Sitz des gleichnamigen Landkreises, der 1972 im Zuge der Landkreisreform aufgelöst wurde. Das ehemalige Kreisgebiet teilen sich heute die Landkreise Kelheim, Landshut, Freising und zu einem kleinen Teil Pfaffenhofen a. d. Ilm. Die Stadt Mainburg fiel dem Landkreis Kelheim zu.

Die Auflösung ihres Landkreises war für die Mainburger ein großer Nachteil. Es gingen z. B. viele sichere Arbeitsplätze im Verwaltungsbereich verloren. Wegen des Zentralitätsverlusts durch die Auflösung der zahlreichen Ämter erhielt die Stadt vom Bayerischen Staat gute 3 Mio. DM als Ausgleich. „Das hat uns recht gut getan…", meint Mainburgs Bürgermeister Sebastian Kirzinger. Das Geld war ein willkommener Zuschuß für den Schul- und Straßenbau.

Durch die Gemeindegebietsreform wurde die Stadt um sechs Gemeindeteile größer. Zudem wählten die Gemeinden Volkenschwand, Attenhofen, Elsendorf und Aigslbach Mainburg wegen seiner zentralen Lage zum Sitz ihrer Verwaltungsgemeinschaft.

Hopfenanbau spielt im Siegelbezirk Mainburg nach wie vor eine äußerst bedeutende Rolle. In der jährlichen Hallertauer Hopfenabwaage liegt dieser Bezirk an zweiter Stelle. Ungefähr die doppelte Abwaage des Hanfgewächses verarbeiten die im Stadtbereich ansässigen Hopfen verarbeitenden Betriebe zu Pellets, Hopfenextrakt oder aufbereitetem Naturhopfen. Mainburg ist deshalb ein Zentrum für Hopfenverarbeitung in der Hallertau.

Mainburg

Neben Hopfenanbau und angegliederten Hopfen verarbeitenden Betrieben verfügt Mainburg über leistungsstarke Handwerks- und Gewerbebetriebe sowie kleinere Industrieunternehmen.

Dennoch decken die im Raum Mainburg zur Verfügung stehenden Arbeitsplätze nicht den Bedarf. Viele Arbeitnehmer pendeln deshalb in die Industriezentren von München, Ingolstadt und Landshut.

Mainburg ist heute ein „mögliches Mittelzentrum" mit ca. 11 000 Einwohnern. Für die Bevölkerung stehen dementsprechend Versorgungseinrichtungen zur Verfügung. Es sind z. B. fast alle Schultypen vorhanden,

unter anderem auch ein Gymnasium, eine Singschule, eine Haushaltungsschule und eine gewerbliche Berufsschule. Den Bedürfnissen der Erwachsenenbildung wird eine Volkshochschule mit Vorträgen und Kursen sowie eine reichhaltige Stadtbibliothek gerecht.

Eine besonders beliebte Freizeitbeschäftigung ist in Mainburg der Sport. Für die sportliche Betätigung stehen neben drei Turnhallen und fünf Sportplatzanlagen ein Hallenbad, ein geheiztes Freibad und sechs Tennisanlagen und drei Tennishallen zur Verfügung. Dazu kommen noch markierte Wanderwege in die umliegenden weitläufigen Wälder.

Auch in Mainburg zeigt sich die Neigung zur Geselligkeit aller Hallertauer in der Vielzahl an Vereinen. In der Stadt mit ihren Ortsteilen gibt es weit über 70, die zum Teil eine jahrzehntelange Tradition vorweisen können. Besonders deutlich zeigt sich das beim sogenannten „Gallimarkt", dem Hallertauer Oktoberfest. Der Ursprung dieses Volksfestes, das alljährlich vier Tage lang im Oktober stattfindet, liegt im Jahre 1397, als Herzog Stefan II. den Bürgern von Mainburg einen Jahrmarkt am St.-Gallus-Tag verlieh. An dem Aufmarsch vom Rathaus zum Bierzelt beteiligen sich drei Kapellen, die Ehrengäste, viele Vereine und Bürger. Dieses Volksfest mit jährlich über 40 000 Besuchern bietet nicht nur einen Vergnügungspark und zwei Bierzelte, sondern auch eine große Landmaschinenausstellung und Gewerbeschau. 60 bis 70 Aussteller zeigen auf einer Ausstellungsfläche von annähernd 6500 qm Maschinen jeder Größe, Kraftfahrzeuge und Traktoren.

Parallel zum eigentlichen Fest findet ein „Tag der offenen Tür" statt, an dem verschiedene städtische und kulturelle Einrichtungen – vom Feuerwehrgerätehaus über die Stadtbücherei zum Hopfen- und Heimatmuseum – besucht werden können.

Im Hallertauer Heimatmuseum, das in vier großen Sälen der alten Knabenschule an der Abensberger Straße untergebracht ist, werden interessante Exponate aus den Bereichen Prähistorie, Stadtgeschichte, bäuerliches Leben und Handwerk sowie Tracht gezeigt. Das alte Schulhaus wurde übrigens wegen des hohen Grundwasserspegels auf Eichenpfählen erbaut.

Besonders sehenswert ist in Mainburg außerdem die St.-Salvator-Kirche mit dem angegliederten Pauliner-Kloster auf dem Salvatorberg. Über die Gründung dieser beliebten Wallfahrtskirche gibt es eine Sage, deren geschichtlichen Hintergrund das schwere Erdbeben von 1348 und dessen Folgen bildet:

Ein Priester wollte damals einem Kranken das „Allerheiligste" bringen. Auf seinem Weg dorthin begegnete er einem Fuhrknecht, der mit seinem Gespann nicht ausweichen wollte. Mit wildem Geschrei und furchtbaren Flüchen schlug er dem Priester schließlich die „heiligste Hostie" aus der Hand, die dann frei in der Luft schwebte. Trotz vieler vergeblicher Bemühungen des Priesters konnte die Hostie erst von einem Bischof geborgen werden. Der Knecht aber wurde zur Strafe für seine Untat auf der Stelle samt Roß und Wagen von der Erde verschlungen. Als Sühne soll dann eine Kapelle über diesem Ort erbaut worden sein. Im Mittelgang der St.-Salvator-Kirche verschließt eine Marmorplatte die Bodenöffnung, die nach dem Versinken des Frevlers geblieben ist.

Während des Gallimarktes ist Mainburg also nicht nur der geographische, sondern auch eine Art gesellschaftlicher, kultureller Mittelpunkt der Hallertau. Das Hallertauer Oktoberfest mit seinem Rahmenprogramm ist Anziehungspunkt vieler Hallertauer über Siegelbezirks- und Landkreisgrenzen hinweg.

Die Siebenhügelstadt ist einer der drei Eckpfeiler der „Zentralhallertau". Früher wurde die hügelige Landschaft zwischen Mainburg, Wolnzach und Au mit ihren engen Tälern als „Wildsauenland" bezeichnet. Die Zeitschrift „Bayerland" erzählte im Jahre 1894, daß der kurfürstliche Rat Thomas Elsenheimer 1645 mit seinen Jägern zwischen Mainburg und Wolnzach eine Treibjagd abhielt. An einem Tag wurden dabei elf Wölfe erlegt. Heute ist von all dem nichts mehr zu sehen.

Die Wälder und die üppige Fauna wurden im Laufe der Jahrhunderte von der landwirtschaftlichen Sonderkultur Hopfen verdrängt. Die Siegelbezirke Wolnzach, Mainburg und Au produzieren den meisten Hopfen in der Hallertau. Sie liegen jeweils an erster, zweiter und dritter Stelle in der jährlichen Hopfenabwaage. Die Zentralhallertau kann man deshalb auch als Zentrum des Hallertauer Hopfenbaus bezeichnen. Was Wunder, daß sich im Gebiet dieser drei Siegelbezirke nicht nur viele Hopfenverarbeitungs- und Handelsunternehmen angesiedelt haben, sondern auch ein Hopfenforschungsinstitut.

Die St.-Salvator-Kirche in Mainburg. Im Mittelgang des Gotteshauses verschließt eine Marmorplatte die Bodenöffnung, die nach dem Versinken des Frevlers geblieben ist.

„O'zapft is"! Bürgermeister Sebastian Kirzinger eröffnet den Gallimarkt, das Hallertauer Oktoberfest

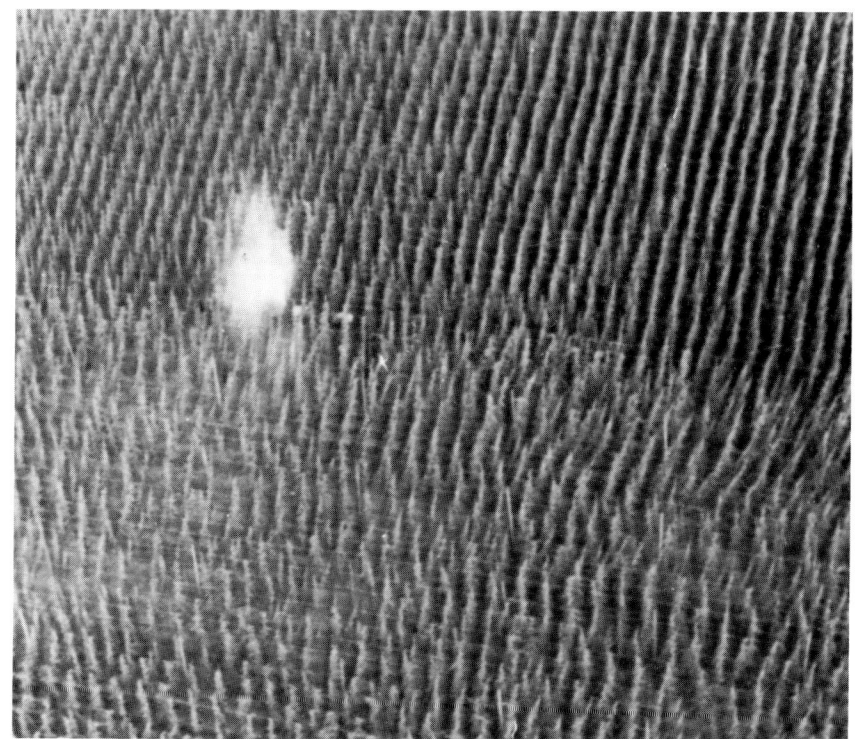

Hopfenspritzen aus der Vogelperspektive

Moderne Gebläsespritze im Einsatz

Hopfenmuseum Mainburg: Ausstellung alter Spritzgeräte

73

Schloß Sandelzhausen: Sitz einer Brauerei mit angeschlossenem Biergarten

Rathaus Mainburg

Blick über die Abens auf den Griesplatz in Mainburg

Der „Römerturm" in Gasseltshausen, eine doppelgeschossige romanische Kirche

Hopfenforschung

In der Mitte des 18. Jahrhunderts erzählt Johann Heumann in seinem Lehrbuch über den Hopfen von den „widrigen Zufällen des Hopfens":

„Es ist der Hopfen ungemein vielen Verfolgungen unterworfen, welche verursachen, daß derselbige manches Jahr gänzlich, oder doch größtenteils zurück bleibet, wodurch aber der Hopfenhandel erhoben wird. Eine große Hitz' und Trockenheit, sowohl als übermäßiger Regen sind ihm, wie vielen anderen Gewächsen, sehr nachteilig. Am schädlichsten ist aber der Mehl- und Honigtau, welcher die Blätter und Häupter verbrennet und durchlöchert…".

An den „widrigen Zufällen des Hopfens" hat sich bis auf den heutigen Tag nichts geändert. Nach wie vor gibt es eine ungeheure Vielzahl an tierischen und pflanzlichen Schädlingen. Eine der verheerendsten Hopfenkrankheiten ist die Peronospora, eine Pilzkrankheit, die 1924 erstmals auftrat. Die Auswirkungen dieser Krankheit sind katastrophal. In Peronosporajahren ist der Ertrag gleich Null.

Um diese Unsicherheitsfaktoren im Hopfenbau unter Kontrolle zu bekommen, gründeten Brauer, Hopfenhändler und einige Hopfenpflanzer im Jahre 1926 die zunächst private „Deutsche Gesellschaft für Hopfenforschung". Nach kleinen Anfängen in Gewächshäusern wurde im Jahre 1962 in Hüll das „Hans-Pfülf-Institut für Hopfenforschung" errichtet. Um den vielfältigen Anforderungen der Hopfenforschung nachzukommen, wurde dieses Institut 1973 der Landesanstalt für Bodenkultur und Pflanzenbau angegliedert.

Ziel der angewandten Forschung des Instituts ist, eine wirtschaftliche, gesunde und qualitativ hochwertige Hopfenproduktion zu ermöglichen. Erfolgversprechendster Teil der angewandten Hopfenforschung ist die Züchtung neuer krankheitstoleranter Sorten, die zugleich die beiden für den Hopfen wesentlichen Qualitätsmerkmale, nämlich bestes Aroma und höchsten Bitterstoffgehalt in sich vereinigen können.

Trotz aller Forschungen kommen die Pflanzer nicht umhin, eine gezielte Schädlingsbekämpfung durchzuführen. Dazu fahren sie mit sogenannten Gebläsespritzen durch die Hopfengärten. Die flüssigen Pflanzenschutzmittel werden dort durch einen Ventilator zerstäubt und über die Hopfenranken fein verteilt.

So positiv sich diese Pflanzenschutzmittel bei der Schädlingsbekämpfung auswirken, so vorsichtig müssen die Spritzungen dennoch dosiert werden. Die Praxis hat gezeigt, daß die natürlichen Feinde der Schädlinge mit vernichtet und letztere mit der Zeit immun gegen Gifte werden. Es gilt also, möglichst nur dann zu spritzen, wenn unmittelbar Gefahr besteht. Zur Peronosporabekämpfung wurde mittlerweile durch ein sogenanntes „Prognosemodell" eine diesbezüglich sehr funktionelle Lösung entwickelt:

In ausgewählten Hopfengärten wurden Prognosestationen aufgestellt. Sie enthalten neben den meteorologischen Instrumenten wie Regenmesser, selbstregistrierende Benetzungsschreiber, Temperatur- und Feuchtigkeitsschreiber auch eine Sporenfalle, die Pilzsporen aus der Luft filtert. Im Bereich der Hallertau kontrollieren Mitarbeiter der Ämter für Landwirtschaft in Moosburg, Pfaffenhofen, Abensberg und Landshut jeden Tag, also auch am Samstag und Sonntag, die Sporenfalle auf Sporenflug. Unter dem Mikroskop werden die Pilzsporen ausgezählt und zusammen mit den meteorologischen Daten in Hüll zentral erfaßt und ausgewertet. Überschreitet die Zahl der Sporen einen bestimmten Grenzwert, besteht Infektionsgefahr. In diesem Fall werden Warnungen auf telefonische Anrufbeantworter gesprochen. Diese können von allen Hopfenbauern abgehört werden, die dann gezielte Spritzungen vornehmen.

Mit diesem Vorwarndienst reduzierten sich die Spritzungen von 8- bis 15mal pro „Hopfenjahr" auf 4- bis 5mal. Nach Angaben der Landesanstalt für Bodenkultur und Pflanzenbau konnten dadurch 1983 etwa 10 Mio DM an Pflanzenschutzmitteln eingespart werden. Die Pflanzenschutzmittel für die verbleibenden vier bis fünf Spritzungen werden einer strengen Prüfung auf Wirksamkeit und Unbedenklichkeit für das Erntegut unterzogen, bevor sie der Hopfenpflanzer einsetzen darf. Wie die Peronospora werden auch andere Hopfenkrankheiten gezielt nach Befallsstärke und Anfälligkeitsgrad des Hopfens bekämpft.

Nicht alle Hopfenkrankheiten, z.B. die seit 1952 in Deutschland auftretende „Hopfenwelke" oder auch

Viruskrankheiten, lassen sich chemisch bekämpfen. Die befallenen Stöcke müssen gerodet und durch gesunde Fechser ersetzt werden. Der einzige Ausweg ist hier also die Zucht neuer, widerstandfähiger Sorten. Mit der „Perle" beispielsweise gelang es den Hopfenforschern des Hans-Pfülf-Instituts, eine Sorte zu entwickeln, die ein sehr gutes Aroma und einen hohen Bitterstoffgehalt aufweist, aber gegen Welke und Peronospora nur mehr sehr gering anfällig ist.

Hüll ist aber nicht nur eine Stätte wissenschaftlicher Arbeit und Erfolge; hier wurde in der Nacht vom 11. zum 12. Februar 1929 auch ein deutscher Rekord aufgestellt: Die Wetterstation der Deutschen Gesellschaft für Hopfenforschung verzeichnete –37,8 °C. Das ist die tiefste Temperatur, die je von einem deutschen Wetterdienst offiziell registriert wurde.

Ansonsten ist das Klima der Hallertau verglichen mit ebenen Landstrichen nördlicher Gebiete etwas rauher und kälter. Berechnet in einem Zeitraum von 50 Jahren beträgt der Niederschlag 824 mm, die relative Luftfeuchtigkeit 81%, die Sonnenscheindauer 1661 Stunden und die Lufttemperatur 7,4 °C im Jahresdurchschnitt. Diese Werte beschreiben ein Wetter, das für den Hopfen sehr günstig ist, denn er benötigt ein gemäßigtes, humides Klima.

Der Hopfenbau ist sehr arbeitsintensiv, denn die Sonderkultur benötigt das ganze Hopfenjahr über eine fürsorgliche Pflege. Die beiden arbeitsreichsten Phasen – die Monate Mai/Juni und die Erntezeit – fordern einen Arbeitseinsatz von 200 Stunden pro Hektar. Nicht umsonst heißt es in einem alten Hallertauer Sprichwort: „Der Hopfen will jeden Tag seinen Herrn sehen." Neben der schon beschriebenen mühsamen Arbeit des Ausputzens und Aufleitens fällt das „Nachleiten" – besonders nach starkem Wind – das „Hopfenackern" und das Düngen an. Durch das Hopfenackern wird das Unkraut vernichtet, der Boden gelockert und durchlüftet und somit ermöglicht, daß der Hopfenstock Sommer- oder Adventivwurzeln bilden kann. Diese Arbeit wird heute mit modernen Pflügen und Spezialschleppern erledigt.

Da der Hopfen innerhalb kurzer Zeit eine große Pflanzenmasse hervorbringt und dabei dem Boden viele Nährstoffe entnimmt, ist es für einen dauerhaft hohen Ertrag notwendig, diese Nährstoffe dem Boden wieder zuzuführen. Der Hopfenpflanzer düngt deshalb mit Stallmist und mineralischen Düngern, und zwar nicht willkürlich, sondern nach dem „integrierten System": Mit Hilfe von Bodenuntersuchungen wird festgestellt, welche Art und welche Menge von Dünger der Boden benötigt. Eine Überdüngung ist somit ausgeschlossen.

Hopfenforschungsinstitut Hüll

So entsteht eine neue Hopfensorte

Au in der Hallertau

Bei der jährlichen Hopfenabwaage der 13 Siegelbezirke belegt der Markt Au i. d. Hallertau, einer der Eckpfeiler der Zentralhallertau, den dritten Platz.

Wie bei Geisenfeld das keltische Oppidum, gibt es auch bei Au einen steinernen Zeugen aus der Zeit vor Christi Geburt: den riesigen keltischen Ringwall am Schloßberg Tannetwaldung im Norden des Marktes, der im Volksmund „Römerschanze" genannt wird.

Über den Ursprung des Marktes gibt es eine Vielzahl an Hypothesen. Sicher ist aber, daß die ehemalige Hofmark Au im Mittelalter zum Besitz der Grafen von Moosburg und ab 1306 der Herren von Abensberg gehörte. Im Jahre 1349 ließ sich Herzog Stefan von Niederbayern, dank der Fürsprache des Grafen Ulrich III. von Abensberg, dazu bewegen, das Dorf Au in die Reihe der bayerischen Märkte einzugliedern, was 1350 durch Kaiser Karl IV. bestätigt wurde. Knappe 100 Jahre später erhielt der Markt von Kaiser Friedrich III. sein Wappen, das einen grünen Schild mit drei weißen Rosen zeigt.

Da Au an der Abens liegt, ist es wahrscheinlich, daß der Name des Marktes von der Bezeichnung „Aue" für Land am Wasser abgeleitet wurde.

Im Laufe der Jahrhunderte wurde Au, wie viele Marktgemeinden oder Städte der Hallertau, mehrfach von Kriegen heimgesucht, zum Teil zerstört und letztlich wieder aufgebaut. So auch in den beiden Weltkriegen, in denen die Wirtschaft schwer zu Schaden kam. Nach dem Zweiten Weltkrieg aber begann der Hopfen die wichtigste Einnahmequelle des Marktes zu werden. Au nennt sich deshalb „das Herz im Hopfengau".

Schloß Au i. d. Hallertau

Pfarrkirche St. Vitus

Au i. d. Hallertau

Die Geschichte und Wirtschaft des Marktes sind bis auf den heutigen Tag eng mit Schloß Au verbunden. Im westlichen Anbau des Herrschaftssitzes befindet sich ein großer Jagdsaal, dessen Wände mit Jagdtrophäen reich geschmückt sind. Schloß Au bewahrt hier die größte private Jagdsammlung Deutschlands auf. Dem Schloß angegliedert sind ein Hopfengut und das 1793 errichtete Brauereigebäude, in welchem die 1590 gegründete Schloßbrauerei untergebracht ist. Das Bier dieser Brauerei ist weit über die Grenzen des Marktes hinaus bekannt. Seit 1846 sind die Freiherren von Beck-Peccoz im Besitz des Anwesens.

Au i. d. Hallertau ist nach der Kreisstadt mit 5549 ha flächenmäßig die zweitgrößte Gemeinde im Landkreis Freising und wurde durch das bayerische Landesplanungsgesetz mit Wirkung ab 1. 5. 1979 zum „Kleinzentrum" bestimmt. Au gehörte bis 1972 dem Landkreis Mainburg an. Nach dessen Auflösung entschieden sich die Auer Bürger einstimmig für Freising. „Für uns war

das die beste Entscheidung", so Bürgermeister Wilhelm Kobl. Eine sehr gute Verbindung in die Kreisstadt schafft die B 301, die deutsche Hopfenstraße.

Der Markt Au, einer der bedeutendsten Hopfenumschlagplätze der Hallertau bzw. der BRD, besitzt auch eine moderne Hopfenabwaage und Siegelstelle.

In allgemeinwirtschaftlicher Hinsicht gibt es in Au eine ausgewogene Mischung aus Landwirtschaft, Handwerk und Gewerbe. Der Versuch, im Marktbereich Industrie anzusiedeln, hatte bislang wenig Erfolg. Das ist sicher mit ein Grund, warum, nach Ermittlungen des Bürgermeisters W. Kobl, rund 1000 Arbeitnehmer, also ca. 22 % der Einwohner, täglich in die Industriezentren von Freising und München pendeln.

Den knapp 4460 Einwohnern der Gemeinde stehen alle Grundversorgungseinrichtungen zur Verfügung, die ein „Kleinzentrum" zu bieten hat.

Eine aktive Freizeitgestaltung ermöglichen in Au ungefähr 20 Vereine und in ausreichendem Maße vorhandene

Rathaus Au i. d. Hallertau

Sportanlagen, wie beispielsweise Tennisplätze. Auch gibt es markierte Reit- und Wanderwege in die umliegenden Waldungen Auer Eck, Tannet und Zarrer. Zur Freizeitgestaltung und Weiterbildung stehen außerdem das kath. Kreisbildungswerk, die Volkshochschule und die Gemeindebücherei in der Kooperator-Schmid-Straße zur Verfügung.

Der mit dem Straßennamen geehrte Kooperator Johann Schmid ist Autor einer Chronik des Marktes Au aus dem Jahre 1908. In diesem Werk beschreibt er nicht nur die Geschichte des Marktes, sondern auch seine Bewohner. Über die Hallertauer allgemein sagt er:

„Die Ausdrucksweise der Hollerdauer hat etwas Natur- und Urwüchsiges und wirkt durch ihre lebendige Natürlichkeit, durch treffende sprichwörtliche Redensart, schlagfertige Antworten und besonders durch schneidigen, trockenen Humor geradezu erfrischend. Mit scharf gepfefferten Witzen kann einen der Hollerdauer ordentlich ‚dablecka'…, und zwar derart, daß es ‚glangt'. Er selber versteht sich mit einigen Witzworten aus einer unangenehmen Situation, einer Klemme herauszubeißen. Bekannte Witzworte, die man ‚im Herzen der Hollerdau' öfters hört, sind unter anderen Ortsneckereien."

So zum Beispiel:

„Was ist für ein Unterschied zwischen Wolnzach und Au?"

Antwort: „Wenn man in Wolnzach einen zwickt, so schreit er Auh! – Wenn man aber in Au einen zwickt, schreit er höchstens Ach! Aber nicht Wolnzach."

Sudhaus Schloßbrauerei Au

Schimmelkapelle Enzelhausen

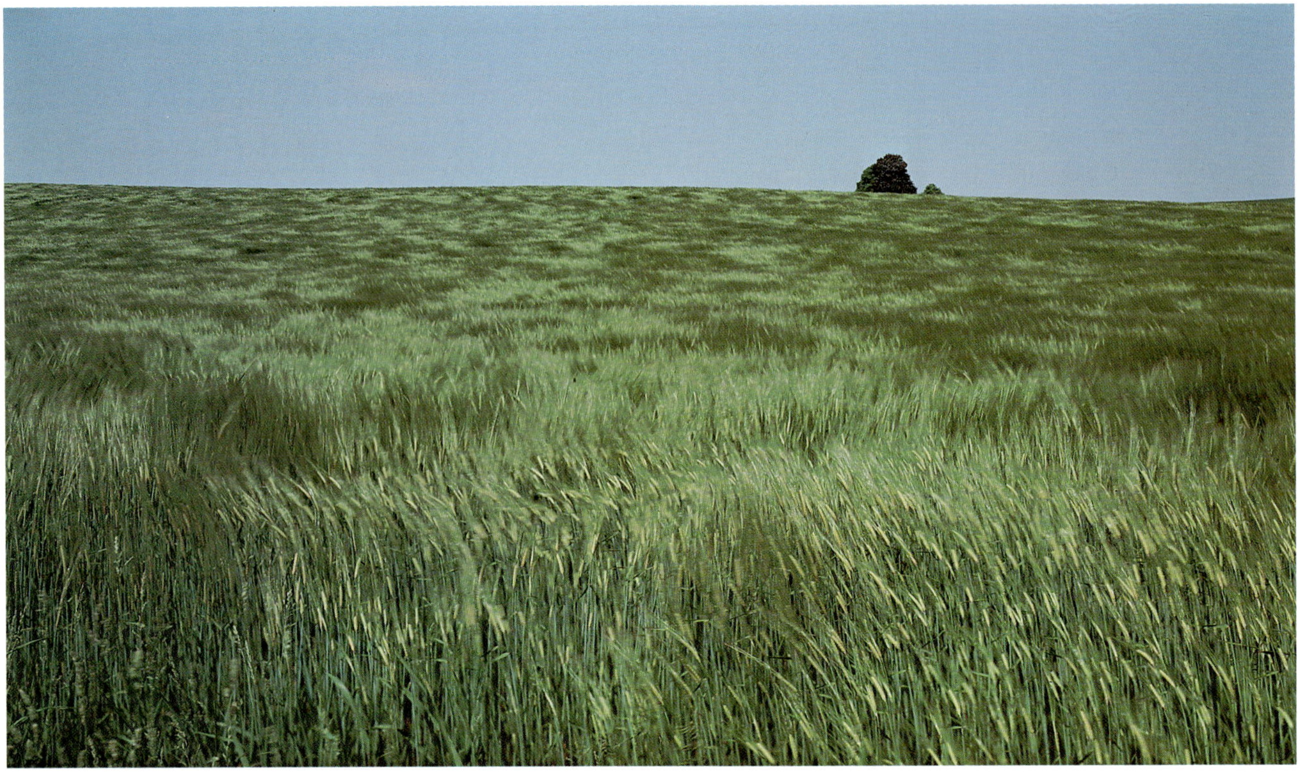

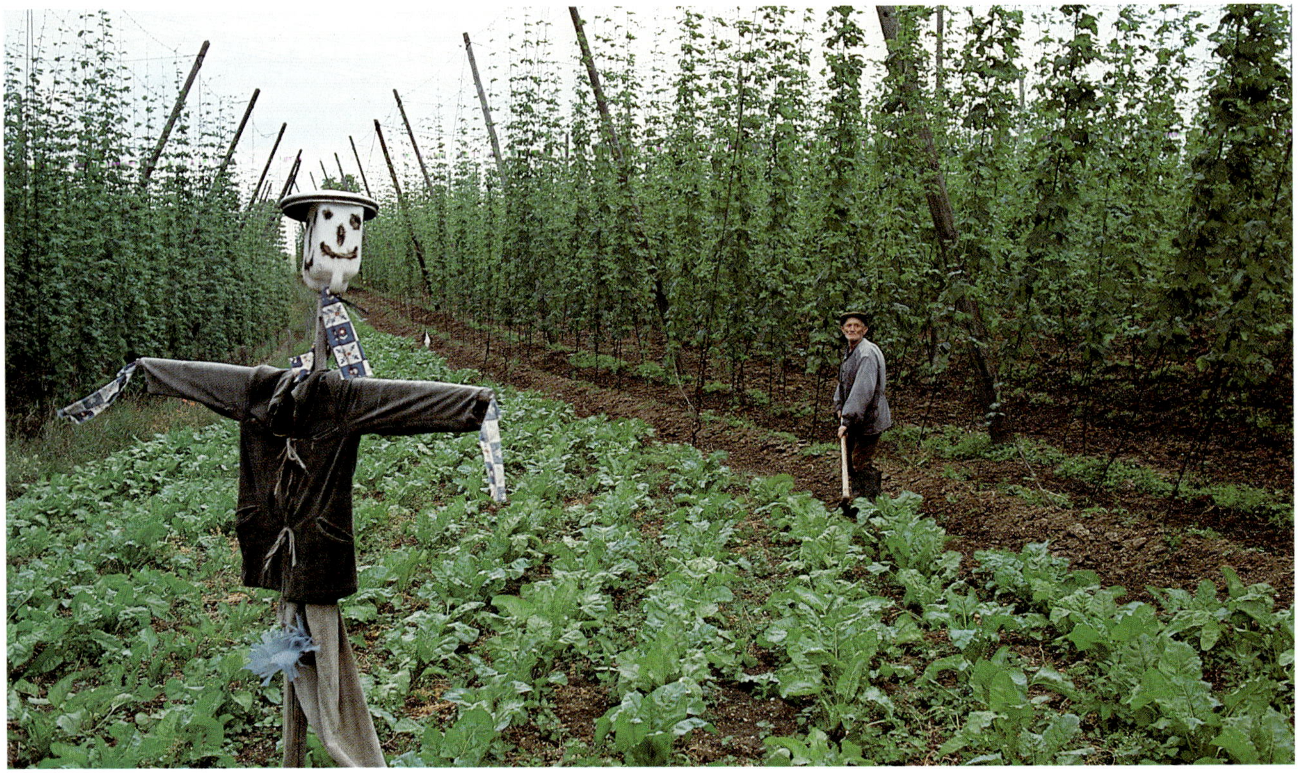

Die Geschichte Wolnzachs

Der Orts- und Bachname Wolnzach setzt sich aus den zwei Worten „Welamot" und „aha" zusammen. Welamot ist der Name eines Edelmannes, der sich entweder als erster hier niedergelassen oder eine schon bestehende Siedlung in seinen Besitz gebracht und ihr seinen Namen gegeben hat. „aha" bedeutete bei den alten Bewohnern keltischer Abstammung Wasser (Bach). Schon in den ältesten Urkunden und Originalbriefen ist der heutige Name Wolnzach als „Welamotesaha" (Wasser des Welamot) überliefert.

Wie zahlreiche Funde beweisen, war Wolnzacher Boden bereits in der Prähistorie ein beliebter Siedlungsort.

In einem Faszikel des Wolnzacher Pfarrarchivs ist in einem „Beitrag zur Topographie und Geschichte des Marktes Wolnzach in Oberbayern" folgendes zu lesen: „Die ehemalige Veste und Herrschaft Wolnzach ist ein uralter und sehr berühmter Ort, welcher schon zu den Zeiten des bayerischen Herzogs Tassilo ums Jahr 760 seinen eigenen Adel und eine Burg hatte."

Mit dem Beginn des 12. Jahrhunderts tritt in Wolnzach eine Adelsfamilie auf, in der die Namen „Hoholt" und „Pilgrim" sehr beliebt waren und deshalb immer wieder vom Vater auf den Sohn weitervererbt wurden. Diese Familie gehörte zu den einflußreichsten der ganzen Gegend. Wiederholt wurden Angehörige dieses Geschlechts in Urkunden als Stifter von Grund und Boden für Kirchen und Klöster sowie als Gefolgsmänner der Pfalzgrafen von Wittelsbach auf Reichstagen erwähnt. Die „Hoholte und Pilgrime" waren in der ganzen Hallertau, z. B. in Allershausen, Hirschbach, Geisenhausen und darüber hinaus ansässig und begütert.

Wolnzach

Wann und von wem Wolnzach das Marktrecht erhielt, läßt sich leider nicht mehr nachvollziehen. Fest steht, daß erst im Jahre 1310, anläßlich der Teilung Oberbayerns, nachweislich von einem Markt Wolnzach gesprochen wurde. 60 Jahre später erscheint das Wolnzacher Wappen erstmals in einem Siegel. Seit dem 1. November 1818 ist es amtlich festgelegt: „ein von drei Hügeln aufspringendes Rehkitz in grünem Felde."

Die Grundelemente des Wolnzacher Schlosses, hölzerne, von Wassergräben und Holzzäunen geschützte Häuser, stammen wahrscheinlich von einer vorbajuwarischen Befestigungsanlage. Erst um 1400, lange nach dem Aussterben der Hoholts und Pilgrims und ihrer Nachfolger, der ihnen durch Heirat verwandten Preysings, wurden die Holzbauten allmählich durch Ziegelgebäude ersetzt. Die nacheinander folgenden Besitzer, zuletzt die 1584 nach Wolnzach gekommenen Elsenheimer, bauten das Schloß immer weiter aus. 1615 besaß es nun drei Türme und drei Brücken. Im Jahre 1632 jedoch wurde der Herrschaftssitz von den Schweden total niedergebrannt.

Wie ganz Bayern, wurde der Markt Wolnzach im Laufe seines Bestehens mehrmals von Seuchen und furchtbaren Kriegen heimgesucht. Besonders grausam verhielten sich die Schweden im Dreißigjährigen Krieg.

In den Jahren 1695 bis 1702 ließ der Baron Leopold Heinrich von Elsenheim das im Dreißigjährigen Krieg zerstörte Schloß von Grund auf neu erbauen. Der Franzosenkrieg aber versetzte dem Schloß Wolnzach endgültig den Todesstoß. Seit 1799 war es mehr oder weniger herrenlos und verfiel. Seine Treppenstufen aus Marmor waren unter anderem eine willkommene Beute für Langfinger. Ab etwa 1812 begann der letzte Besitzer den ersteigerten, ehemaligen Herrschaftssitz abzutragen. Mit den Steinen wurde das Finanzamt in Pfaffenhofen a. d. Ilm gebaut.

Das Schloß Wolnzach gibt es also heute nicht mehr. Der Markt Wolnzach ist dafür um so größer und wirtschaftlich bedeutender geworden. Gerade im Bereich Hopfenbau kann er mit Superlativen aufwarten. Der dritte Eckpfeiler der Zentralhallertau besitzt nicht nur das älteste Hallertauer Siegelrecht, das der Magistrat 1834 annahm, sondern liegt mit durchschnittlich 170 000 Ztr. bei der jährlichen Hopfenabwaage unter den 13 Siegelbezirken an erster Stelle. Seit Nürnbergs Ruhm als größter Hopfenmarkt in den Wirren zweier Weltkriege unterging, ist Wolnzach schließlich der bedeutendste Hopfenumschlagplatz Deutschlands geworden.

Durch zahlreiche Eingemeindungen in den Jahren 1971 und 1978 wuchs Wolnzach mit nunmehr 92 qkm zur flächenmäßig größten Gemeinde im Landkreis Pfaffenhofen a. d. Ilm. Rund ein Viertel davon ist mit Hopfen bedeckt. Die zehn Ortsteile Wolnzachs, Burgstall, Eschelbach, Gebrontshausen, Geroldshausen, Gosseltshausen, Haushausen, Königsfeld, Larsbach, Nieder- und Oberlauterbach sind überwiegend landwirtschaftlich orientiert.

Besonders eindrucksvoll wirken die Hopfenplantagen Ende August, kurz vor der Ernte. Die Hopfendolden haben jetzt ihre sogenannte „technische Reife" erreicht. Das bedeutet, sie sind nun geschlossen, griffig und kompakt, das für den Brauprozess wichtige, sich in ihnen befindende Lupulin ist gelb und der darin enthaltene Bitterstoff voll ausgebildet. Ihr Aroma ist als intensiver, fast betäubender Duft wahrnehmbar.

Rathaus Wolnzach

Pfarrkirche Wolnzach

Wallfahrtskirche Lohwinden

Stationäre Hopfenpflückmaschine

Fahrbare Hopfenpflückmaschine

Hopfengarten kurz vor der Ernte

Hopfenlager in Wolnzach

Sommer
in der Hallertau –
die Hopfenernte

In der Hallertau beginnt jetzt die Hopfenernte. Eine Ernte ohne Hopfenpflückerromantik vergangener Tage, in denen aus allen Gegenden Bayerns Hilfskräfte in die Hallertau wanderten, um dort Metzen für Metzen (Korbmaß) „grünes Gold" einzubringen. Ein solches Stück Nostalgie findet man heute selten. Nur 1983 wurde, anläßlich der Internationalen Gartenbauausstellung in München, eine echte und originalgetreue Hallertauer Handpflücke durchgeführt. Der Deutsche Hopfenpflanzerverband errichtete im Westpark auf dem IGA-Gelände in München einen original Hallertauer Hopfengarten, der den IGA-Besuchern als Demonstrationsobjekt Hallertauer Hopfenkultur diente. Bereits im Mai 1982 wurden hier sieben verschiedene Hopfensorten (Hallertauer, Hersbrucker, Perle, Spalter, Tettnanger, Northern Brewer und Brewers Gold) angepflanzt. Rund 50 waschechte Hallertauerinnen und Hallertauer aus Meilenhofen und Wangenbach zupften unter Musik und Gesang wie anno dazumal Dolde für Dolde mit der Hand in die sogenannten „Hopfakirm" (Körbe). Von Hand um die Wette „hopfazupft" wird alljährlich bei der deutschen „Hopfenzupfermeisterschaft" in Siegenburg.

Die Hopfenernte heute erinnert in keiner Weise an die „gute alte Zeit" mühseliger Handarbeit. Der Hopfenanbau wurde gerade in den letzten drei Jahrzehnten technisiert und der Erntevorgang fast vollständig maschinell durchgeführt. Die moderne Erntetechnik ersetzt heute ein Heer von Hopfenpflückern. Ein mittlerer Betrieb

„Hopfazupf'n" – eine originalgetreue Hallertauer Handpflücke anläßlich der Internationalen Gartenbauausstellung in München 1983

*Nach der Pflücke wird der Hopfen
gedarrt und in Säcke gepreßt*

mit 4 ha brauchte für die Handpflücke 50–60 Hopfen-zupfer, die nicht nur bezahlt, sondern auch verpflegt und untergebracht werden mußten. Für den Erntevorgang mit der Hopfenpflückmaschine werden nur vier Arbeitskräfte benötigt. Die angenehmere Art zu ernten, erfordert jedoch hohe Investitionen. Allein für eine Pflückmaschine müssen zwischen 70 000 DM und 200 000 DM veranschlagt werden. Das ist viel Geld, vor allem wenn man bedenkt, daß eine solche Maschine höchstens drei Wochen im Jahr genutzt wird. Dazu muß man die Ausgaben für ein Förderband, das den Grünhopfen zur Darre befördert, und für ein Darr- und Lagergebäude addieren. Nur unter diesen Voraussetzungen ist der Hopfenpflanzer konkurrenzfähig.

Daß die aufgezählten technischen Hilfsmittel intensiv eingesetzt werden, merkt man an der akustischen Veränderung der Landschaft. Die sonst eher stille Hallertau lebt zur Erntezeit auf. Häufiger als sonst hört man das Rattern der Traktoren. Über dem tertiären Hügelland liegt das gleichmäßige metallene Surren der Hopfenpflückmaschinen. Die Ernte selbst geht wie im Flug. Zunächst schneidet man die Reben knapp über dem Boden ab. Dann werden sie vom Drahtnetz gerissen und auf einen durchfahrenden Schlepper mit Anhänger verladen. Ein schnelles Zwei-Mann-Team benötigt für diesen Vorgang pro Zeile im Hopfengarten nicht länger als 15 Minuten. Die Ernte von 1 ha füllt ungefähr 40 solche Anhänger. Im Mittelpunkt der Hopfenernte steht die stationäre Pflückmaschine. Rebe für Rebe wird in die Einzugskette eingehängt und ihr so zugeführt. Die Pflücke und Reinigung des Hopfens erledigen die modernen Maschinen mit zwei Mann zur Bedienung.

Mit der Pflücke ist jedoch die Ernte nicht abgeschlossen. Der Hopfen ist Grüngut mit einem Wassergehalt von 80–85 %. Um den Verderb zu verhindern, muß der Hopfen unmittelbar nach der Pflücke auf 12 % heruntergetrocknet oder, wie es in der Fachsprache heißt, „gedarrt" werden. Dazu dient die 14–15 m hohe Hopfendarre, die aus einem Heizraum mit Lufterhitzungsanlage, dem Luftverteilerraum und dem eigentlichen Trockenraum mit mindestens zwei Trocknungshorden und einem Auszug besteht. Der Trocknungsvorgang erfolgt bei Temperaturen zwischen 62 und 65 °C in einer Zeit von sechs Stunden. Der gedarrte Hopfen bleibt auf dem Hopfenboden noch ein paar Tage zum Abkühlen liegen, bevor er „eingefaßt" und zu Ballen gepreßt wird. Ein solcher Ballen wiegt zwischen 75 und 80 kg.

Der erste Weg nach dem Pressen führt den Hopfenpflanzer zum Hopfenfachwart, von dem er die sogenannte „Hopfenherkunftsbezeichnung" erhält. Erst mit dieser Urkunde fährt der Pflanzer seinen Hopfen zur „amtlichen Bezeichnung" – sie besteht aus dem Siegeln und Beschriften der Hopfenballen sowie dem Ausstellen einer Siegelurkunde – und zur Abwaage. Anschließend erhält der Pflanzer den amtlichen Waagschein, aus dem die Anzahl der Ballen und ihr Gewicht hervorgeht. Die Siegelurkunde bleibt beim Hopfen, der von der jeweiligen Käuferfirma direkt von der Siegelstelle abgeholt wird. Der Waagschein ist für den Hopfenpflanzer fast bares Geld. Aufgrund dieser Urkunde wird er vom Hopfenhändler oder „Hopfenschmuser", wie er in der Hallertau genannt wird, ausbezahlt.

Früher kamen die Hopfenhändler nach der Ernte direkt zu den Bauern, um mit viel Verhandlungsgeschick den Hopfen möglichst preisgünstig zu bekommen. Die Bauern ihrerseits versuchten natürlich, ihre Ernte möglichst teuer zu verkaufen.

Heute werden bei knapp 80 % der gesamten Hopfenernte, sowohl im Einkauf als auch im Verkauf, langfristige Kontrakte mit fixen Preisen und festgesetzten Abgabe- beziehungsweise Abnahmemengen geschlossen. Die restlichen 20 % stellen den sogenannten „Freihopfen", der zu momentan gegebenen, also schwankenden Marktpreisen gehandelt wird. Der Hopfenmarkt ist eine „Kommunikationsbörse", bei der nur die jeweilige Angebots- und Nachfragesituation den Preis bestimmt. Ein altes Hallertauer Sprichwort sagt: „Ham's einen (Hopfen), kost'er nix; ham's keinen, kost'er was." Da der verkaufte Hopfen zu 99 % für die Bierherstellung bestimmt ist und nur 1 % im Kosmetik- und Pharmabereich Verwendung findet, hängt der Hopfenabsatzmarkt ausschließlich von der Hopfenzugabe beim Brauprozeß und vom Bierkonsum ab. Nach einer guten Hopfenernte sinken die Preise auf Grund des Überangebots. Nach einer schlechten Ernte dagegen ist die Nachfrage größer als das Angebot. Die Preise steigen oft über Nacht rapide an. Sobald aber der Bedarf der Brauereien gesättigt ist, sinken sie wieder. Dieses Auf und Ab gilt aber wie gesagt nur für den Freihopfen. Egal wie sich die Preise des Freihopfenmarktes entwickeln, die vertraglich fixierten Summen bleiben stabil.

Die Hopfenpflanzer sind diesen Preisschwankungen

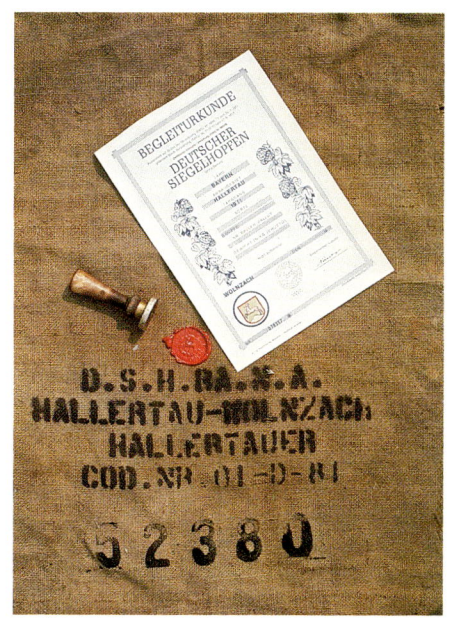

Der Hopfen wird gesiegelt,
begutachtet und gelangt
zur Verarbeitung
(links: Hopfenextrakt,
rechts: Pellets)

aber nicht gänzlich ausgeliefert. Fast alle Hallertauer Hopfenpflanzer sind Mitglieder der Hopfenverwertungsgenossenschaft Hallertau e.G., kurz HVG genannt. Die HVG, das größte Hopfenunternehmen Deutschlands, ist eine anerkannte Erzeugergemeinschaft. Sie hat für ein angemessenes Einkommen der Hopfenpflanzer Sorge zu tragen. Die Mitglieder der HVG können, müssen aber nicht ihre Hopfenernte an die Genossenschaft verkaufen. Ebensowenig ist die HVG verpflichtet, den angebotenen Hopfen abzunehmen. Sie versucht aber mit ihren Gewinnen, für Hopfenpflanzer existenzgefährdende marktwirtschaftliche Situationen, wie z. B. Absatzschwierigkeiten auf Grund eines Überangebots nach einer guten Hopfenernte, in den Griff zu bekommen, indem sie, auf dieses Beispiel bezogen, den Hopfenpflanzern auch diesen Überschuß abnimmt. Die HVG setzt zwischen 15 und 17 % der Hallertauer Hopfenernte um und besitzt nicht unbedeutende Anteile an zwei Hopfenverarbeitungsbetrieben. Hier wird z. B. auch der Überschuß an Hopfen zu länger haltbaren Pellets (gepreßte Hopfenkörner) oder Hopfenextrakt verarbeitet und gelagert, bis sich Abnehmer finden.

Pellets, Hopfenextrakt und Rohhopfen (Doldenhopfen) teilen sich zu jeweils einem Drittel den Weltmarkt. Die mittlerweile weltweite Verbreitung von Bier hat innerhalb der letzten 20 Jahre zu einer Verdoppelung der Weltbierproduktion geführt. So findet der deutsche, vor allem der Hallertauer Hopfen in aller Herren Länder seine Abnehmer. Zu diesen gehören die westeuropäischen Industrieländer, die USA mit Kanada, Japan, die Ostblockländer und vor allem die Dritte Welt, die innerhalb der letzten zwölf Jahre eine 350%ige Steigerung der Bierherstellung aufweist. Nur die UdSSR bezieht mittlerweile den preisgünstigeren Hopfen aus China. Die Hallertau deckt mit einer jährlichen Hopfenernte von durchschnittlich 55 000 Ztr. ein Fünftel des jährlichen Welthopfenbedarfs.

Wolnzach in der Gegenwart

In Wolnzach gibt es sechs Siegelstellen, drei Hopfenhallen und zwei Hopfen verarbeitende Betriebe, die für die Wolnzacher Bürger und die Arbeitnehmer aus dem Einzugsgebiet ein gutes Arbeitsplatzangebot stellen. Auch einige Landwirte, die im Sommer Hopfenbau betreiben, sind im Winter in der Hopfenverarbeitung tätig. Da die Landwirtschaft das Auskommen oft nicht mehr garantiert – beim Hopfen liegen die Gestehungskosten manchmal über dem Verkaufspreis –, sichern sich die Landwirte so ihre Existenz. Neben Hopfenverarbeitungsbetrieben bieten auch Einzelhandelsunternehmen und Handwerksbetriebe Arbeitsplätze. Dennoch ist ein nicht unerheblicher Teil der Arbeitnehmer gezwungen, in die Industriezentren von Ingolstadt und München zu pendeln, denn Industrie fehlt in Wolnzach. Dank der wirtschaftlichen Bedeutung des Hopfens wurde Wolnzach nach dem bayerischen Landesplanungsgesetz als „Unterzentrum" eingestuft. In diesem Rahmen stehen natürlich alle notwendigen Grundversorgungseinrichtungen zur Verfügung. Das markteigene Krankenhaus wurde in ein Altenpflegeheim umgewandelt und am 1. 2. 1984 seiner Bestimmung übergeben. Mit einer mehr oder weniger konstanten Einwohnerzahl und einer ausgewogenen wirtschaftlichen Struktur ist die Finanzkraft Wolnzachs ausreichend, um alle für die 8000 Bürger nötigen Einrichtungen zu schaffen. So wurde beispielsweise das von der Bausubstanz her sehr gut erhaltene Knabenschulhaus zum sogenannten „Haus des Marktes" umgebaut. In dem völlig neu gestalteten Innenraum sind eine sehr schöne Bibliothek, Jugendräume, ein Hobby-Künstlerkreis mit Ausstellungen und ein Altenclub untergebracht. Das Haus des Marktes ist von der Bevölkerung sehr gut angenommen worden.

Aber auch für Neubauten bietet Wolnzach Platz. 1970 hat die Gemeinde ein Hanggrundstück mit 13,5 Tagwerk erworben, woraus in Verbindung mit weiteren Grundstücken ein voll erschlossenes Baugebiet mit 120 Bauparzellen geschaffen wurde, das bereits zu 70 % bebaut ist. In Wolnzach werden wie in der gesamten Hallertau bevorzugt Einfamilienhäuser errichtet. Dieser schön gelegene Südwesthang ist übrigens verkabelt. Zug um Zug soll auch der Markt an das Kabelfernsehen angeschlossen werden. Man erhofft sich dadurch im

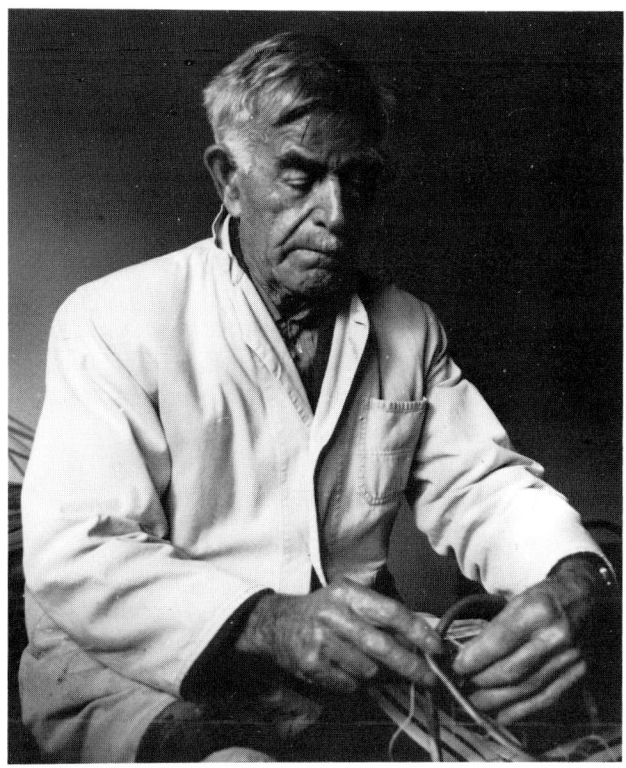

Gefülltes Modell eines Metzens, dem traditionellen Korbmaß für Hopfen

Laufe der Zeit den „Antennenwald" auf den Dächern zu „fällen".

Ein großes Problem für die Wolnzacher ist der tageweise unerträgliche Fluglärm. Ein Schreiben an das Verteidigungsministerium in Bonn führte zu keiner Besserung. Um die Verteidigungsbereitschaft der Bundeswehr zu erhalten, sollen Übungsflüge unerläßlich sein.

Auch die Wolnzacher Bürger verbringen einen Großteil ihrer Freizeit als aktive Mitglieder in Vereinen. Etwa 60 Vereine, die alle Interessen vertreten, stehen zur Auswahl. Wie populär vor allem der Sport ist, beweist der TSV Wolnzach, der mit seinen knapp 1200 Mitgliedern der viertgrößte Verein im Landkreis ist. Den sportbegeisterten Wolnzachern steht eine Vielzahl moderner Sportanlagen zur Verfügung, z. B. eine Tennishalle und Tennisplätze, Stockbahnen, eine Schießanlage und ein Sportplatz (Fußball). Auch das Schwimmbad erfreut sich mit 80 000 Besuchern jährlich großer Beliebtheit. Die Schulsportanlage mit den Leichtathletikplätzen wurde 1986 fertiggestellt.

Ein gesellschaftlicher Höhepunkt ist das Wolnzacher Hopfenfest mit der Wahl einer Hopfenkönigin. Jede Hopfenpflanzerstochter, die das 18. Lebensjahr vollendet hat, kann sich zur Wahl stellen. Die Besucher der in ein „Bierzelt" umgewandelten Hopfensiegelhalle haben dann die angenehme Aufgabe, aus der Vielzahl der hübschen jungen Bewerberinnen ein Mädchen zur „Hallertauer Hopfenkönigin" zu krönen.

Wahl der Hallertauer Hopfenkönigin

100

Die Hallertauer Hopfenkönigin 1984. V. l. n. r. Angelika Schulmeyr, Hopfenvizekönigin 1984, Marianne Huber, Hopfenkönigin 1984, Elfriede Putz, Hopfenkönigin 1983, Maria Galster, Hopfenprinzessin 1984.

Pfaffenhofen a. d. Ilm. Hauptplatz mit der Stadtpfarrkirche St. Johann Baptist

102

Pfaffenhofen

11 km Luftlinie südwestlich von Wolnzach liegt der „Eingang zur Hallertau", so Sepp Hobmeier, Erster Bürgermeister von Pfaffenhofen.

Pfaffenhofen a. d. Ilm wird 1140 zum ersten Mal genannt. Das Datum seiner Gründung aber ist unbekannt. Der Name Pfaffenhofen ist die einzige Urkunde für die Entstehungsgeschichte des Ortes: Mit den verschiedenen Schreibweisen

1140 – 70 Phaphinhovin,
1162 Pfafenhoven,
1197 Pfaffenhovn,
1224 Pfaphenhoven,
1270 Phaphenhoven,
1318 Pfaffenhoven an der Ilm,
1335 Phafenhofen,
1497 Pfaffenhoffen

weist der Name in seinem Grundwort auf das Vorhandensein eines Hofes und in seinem Bestimmungswort auf einen „Pfaffen" hin. Fast alle 90 Pfaffenorte, die es in Bayern gibt, darunter fünf Pfaffendorf, zehn Pfaffenberg und 12 Pfaffenhofen, hängen mit Missionierungsarbeiten von „Pfaffen", althochdeutsch „phapho", vor allem von Mönchen aus Klöstern, zusammen. Mönche aus dem um 762 gegründeten Kloster Ilmmünster kamen auch in das Gebiet Pfaffenhofens, nahmen Land in Besitz und errichteten für sich, ihr Gesinde und das Vieh Unterkünfte. Nach und nach entstanden mehrere Wirtschaftsgebäude, ein Hof, von dem sich weitere Höfe abzweigten, die aber mit dem Haupthof eine wirtschaftliche Einheit, die „Pfaffen-Höfe" bildeten. Bald bekam diese Siedlung eine kleine Holzkirche und eine 1224 erstmals genannte Mühle an der Ilm. So entwickelte sich aus dem „Pfaffen-Hof" ein kleines Dorf Pfaffenhofen.

Den Markt Pfaffenhofen gründete Ludwig der Kelheimer (1183–1231), einer der bedeutendsten Städtegründer unter den Wittelsbachern. Zur Entfaltung des Wirtschaftslebens gestattete er die Abhaltung von drei Jahrmärkten und Wochenmärkten an „Erchtagen" (Dienstagen). Um 1190 entstand so neben der bereits bestehenden Ursiedlung eine „Neustadt" (neue Stätte), das heutige Pfaffenhofen a. d. Ilm, das seinen Namen vom Mutterdorf bekam. Die neue Siedlung war von Wällen und Gräben umgeben.

Von der ursprünglichen Anlage steht heute nichts mehr, da 1388 im großen Städtekrieg der Markt Pfaffenhofen mit Kirche und herzoglicher Hofburg vollkommen eingeäschert wurde.

Nach Beendigung weiterer Fehden bauten die Pfaffenhofener Bürger ihren Markt mit neuer Zuversicht wieder auf und befestigten ihn mit einer ca. 1,25 km langen Ringmauer und 17 Türmen, einem 3 m breiten, in 23 Abschnitte geteilten Zwinger, einem Wassergraben und Palisadenreihen (Zäunen). Von der einstigen Befestigung Pfaffenhofens sind heute im Original nur noch der Pfänderturm und spärliche Mauerreste erhalten.

Als der im Jahre 1388 begonnene Bau der Ringmauer nach 50 Jahren vollendet war, wurde Pfaffenhofen a. d. Ilm offiziell zur Stadt erhoben, als welche sie erstmals am 14.1.1438 in einem Ewiggeldbrief des Chorherrenstiftes Ilmmünster auftaucht.

Mit dem Landshuter Erbfolgekrieg (1504–1505) kamen für Pfaffenhofen wie für ganz Bayern schlimme Zeiten. Von den schrecklichen Wunden des Dreißigjährigen Krieges (1618–1648) und der Pest erholte sich die Stadt nur langsam. Beinahe zwei Jahrhunderte vergingen, bis Pfaffenhofen den Verlust an Menschen – fast zwei Drittel der Bevölkerung – überwunden hatte. Schuld daran waren wohl auch die Spanischen und Österreichischen Erbfolgekriege, die Französischen Revolutionskriege und die Napoleonischen Kriege, die anschließend in ganz Bayern kurz aufeinanderfolgend tobten. Pfaffenhofen hatte vor allem unter unaufhörlichen Truppenstationierungen und -durchzügen zu leiden. Feindliche, aber auch verbündete Truppen verbreiteten raubend, mordend und brandschatzend Angst und Schrecken und hinterließen schwere Schäden. Im Ersten Weltkrieg wurde Pfaffenhofen sogar Garnisonsstadt. Während in diesem Krieg 183 Pfaffenhofner ihr Leben auf dem „Felde der Ehre" ließen, forderte der Zweite Weltkrieg 233 Tote, 166 Kriegsvermißte und acht Zivilvermißte.

Nach diesem schrecklichen Krieg kehrte endgültig Friede in Bayern ein, und der nun folgende wirtschaftliche

Aufschwung erfaßte auch Pfaffenhofen. Die Industrialisierung der Stadt hatte schon mit der Eröffnung der Eisenbahnlinie am 14. November 1867 und der allgemeinen Elektrifizierung 1899 begonnen.

Pfaffenhofen a. d. Ilm, seit 1864 ein Hallertauer Hopfensiegelbezirk, ist heute Sitz des gleichnamigen Landkreises und wurde nach dem bayerischen Landesplanungsgesetz als „Mittelzentrum" eingestuft. Im Zuge der Gebietsreform wurden zehn umliegende Orte eingemeindet, und Pfaffenhofen wuchs so zu einer Großgemeinde mit etwa 18 000 Einwohnern und einer Fläche von 92,63 qkm.

Ein großer Teil dieser Fläche, nämlich 6 070,08 ha, wird landwirtschaftlich genutzt. Vor allem die eingemeindeten Ortsteile sind überwiegend landwirtschaftlich orientiert, wobei der Hopfenanbau dominiert.

Im Stadtkern Pfaffenhofens dagegen haben sich einige größere Industrieunternehmen niedergelassen, so z. B. eine Nährmittelfabrik, eine chemisch-pharmazeutische Fabrik, einige Metall verarbeitende Betriebe und die Hauptwerkstätte der Isar-Amperwerke. Das daraus resultierende Angebot an Arbeitsplätzen wird durch eine Vielzahl an Handwerksbetrieben noch erweitert. Dennoch pendelt auch hier ein nicht geringer Prozentsatz der Arbeitnehmer in die naheliegenden Industriezentren. Ein Grund dafür könnte die Tasache sein, daß viele Leute aus dem Münchener Raum in die Kreisstadt ziehen, da es hier erstens noch günstigeres Bauland gibt und sie sich zweitens auf Grund der Großstadtferne einen höheren Wohnwert versprechen. Ihren Arbeitsplatz in München jedoch wollen viele natürlich nicht aufgeben.

In Pfaffenhofen sind viele Bauplätze ausgewiesen. Durch „Verkabelung" dieser Neubaugebiete will man zum einen den üblichen Antennenwald auf den Dächern vermeiden und zum anderen den auf Grund der hügeligen Topographie teilweise schlechten Empfang erheblich verbessern. In den bislang knapp 400 verkabelten Haushalten lassen sich bereits 16 Fernsehprogramme störungsfrei empfangen. Ein Pfaffenhofener Regionalprogramm ist aber noch nicht in Aussicht.

In der Kreisstadt Pfaffenhofen sind neben den für den Landkreis zuständigen Behörden, die natürlich ebenfalls Arbeitsplätze stellen, auch alle erdenklichen Schultypen anzutreffen, darunter auch Fachschulen, wie z. B. die Hopfenfachschule. In puncto Erwachsenenbildung ist die Volkshochschule erwähnenswert, deren Kursprogramm sogar die chinesische Sprache enthält. Natürlich stehen den Pfaffenhofnern auch alle sonstigen für eine Kreisstadt üblichen Versorgungseinrichtungen zur Verfügung. Seit kurzem gibt es sogar ein modernes Kreiskrankenhaus.

Auch kulturell hat Pfaffenhofen einiges zu bieten. Der Hauptplatz z. B. bildet mit dem 29 m hohen Maibaum und den schönen Häuserfassaden ein sehenswertes Ensemble, das die gotische Stadtpfarrkirche St. Johannes Baptist krönend abschließt.

Schräg gegenüber steht das Mesnerhaus, das ebenfalls eine sehr schön restaurierte Fassade besitzt. In ihm befindet sich ein Museum, dessen Sammlung religiöse Kunst und Volkstum zeigt.

Ein beliebter Treffpunkt für jung und alt ist das sogenannte „Haus der Begegnung". Während die schöne Fassade der ehemaligen Mädchenschule gegenüber dem Rathaus originalgetreu renoviert wurde, schuf man innen eine völlig neue und zweckmäßige Einteilung der Räumlichkeiten, die nun einer Stadt- und Pfarrbücherei, einer Art Fremdenverkehrsamt, der Stadtkapelle, der städtischen Sing- und Musikschule sowie einem Theatersaal für 100 Besucher Platz bietet. Der auf dieser Bühne häufig auftretende niveauvolle Theaterspielkreis ist nur einer von über 100 Vereinen, die alle Interessenbereiche abdecken. Der größte unter ihnen ist der MTV 1862, ein Sportverein mit 2500 Mitgliedern.

Sport spielt auch in Pfaffenhofen eine wichtige Rolle. Ein Eisstadion, ein Hallenbad, Tennisplätze und eine Speedwaybahn regen unter anderem zu sportlicher Betätigung an. Das herausragendste Angebot zur Freizeitgestaltung ist wohl die 1981 eröffnete Trabrennbahn. Die vom oberbayerischen Trabrennverein Pfaffenhofen unterhaltene einzige Halbmeilenbahn Bayerns ist für andere bayerische und deutsche Strecken innerhalb kurzer Zeit eine echte Konkurrenz geworden. Für die Besucher aber bietet die Anlage Volksfestatmosphäre und Rennbetrieb zugleich, denn bayerisch-gemütlich geht es zu in der Festhalle und im Biergarten bei Schmankerln und einer frischen Maß, während schnelle Pferde für Spannung sorgen und so mancher am Wettschalter auf sein Glück hofft.

Auf einen Nenner gebracht, ist Pfaffenhofen a. d. Ilm mit einem breitgefächerten Bildungsangebot, wohlstrukturierten Arbeitsplätzen und vielen Möglichkeiten aktiver Freizeitgestaltung eine lebendige und wohnenswerte Stadt.

Volksfestzug in Pfaffenhofen

Eisstadion Pfaffenhofen

Pfaffenhofener Trabrennbahn

Die Stadtkapelle in München bei der 100-Jahr-Feier der Trachtenvereine in Bayern

Basilika und Benediktinerkloster Scheyern

Ungefähr 5 km südwestlich der Kreisstadt liegt der geschichtlich bedeutendste Ort des Landkreises Pfaffenhofen a. d. Ilm: Scheyern. Scheyern war schon um die Jahrtausendwende Stammsitz der Wittelsbacher. 1119 wandelte Otto V., der sich dann Graf von Wittelsbach nannte, seine verlassene Stammburg in ein Kloster um, das bis 1253 als Begräbnisstätte seines Hauses diente. In das neue Kloster zogen die Benediktiner vom Petersberg bei Dachau ein. 1127/28 wurden das Kloster und die dazugehörige Kirche geweiht. Zu Ehren des hl. Martin wurde 1144 eine eigene Pfarrkirche errichtet. Im Laufe der Zeit erfuhren das Kloster und beide Kirchen viele Zerstörungen sowie Auf- und Umbauten. Am 21. März 1803 wurde das Kloster säkularisiert. Drei Jahre später riß man die Pfarrkirche St. Martin ab. Die Stiftskirche blieb verhältnismäßig gut erhalten und wurde Pfarrkirche. Die meisten Klostergebäude verfielen unter den häufig wechselnden Besitzern (fünf in 35 Jahren).

In den folgenden Jahren wurden einschneidende Restaurationsarbeiten an Kirche und Kloster durchgeführt. So wurde z. B. die Kirche in den Jahren 1876 bis 1878 romanisiert. Die letzte Außenrenovierung des Gotteshauses fand ab 1965 unter Abt Johannes Mich. Hoeck statt.

Anläßlich verschiedener Jubiläen (1500. Geburtstag des hl. Benedikt, 800 Jahre Scheyrer Kreuz und 800 Jahre Wittelsbach und Bayern) wurde die Kirche am 9. März 1980 von Papst Johannes Paul II. zur „Basilica minor" erhoben.

Vor 800 Jahren wurde mit der Leiche des letzten Grafen von Dachau, Herzog Konrads III. aus dem Stammgeschlecht der Schyren, die Kreuzreliquie nach Scheyern überführt. Zum Hauptwallfahrtsfest im Mai und September kommen jährlich Tausende von Pilgern, um dem Kreuz, dem Zeichen der Erlösung, ihre Verehrung zu bezeugen.

Schon im 13. Jahrhundert übernahmen die Mönche des Klosters Lehre und Erziehung. Seit 1970 ist das klostereigene humanistische Gymnasium dem Schyrengymnasium in Pfaffenhofen angegliedert.

Die landschaftlichen Reize der Gemeinde mit ihrer hügeligen waldreichen Umgebung haben sicherlich dazu beigetragen, daß Scheyern gerade in den letzten Jahren ein beliebter Wohnort mit mittlerweile mehr als 3500 Einwohnern geworden ist.

Das Heilige Kreuz von Scheyern

Schloß Reichertshausen

Karrerhof in Niederlauterbach

Taubenschlag in Haimpertshofen

Hohenwart

Der Westen des Hopfenanbaugebietes Hallertau ist flachwellig. Hier gibt es zwar längst nicht so viele Hopfengärten wie im Kerngebiet der Hallertau, doch reichen sie bis Schrobenhausen, dem westlichsten Zipfel des Hopfenanbaugebiets. In dieser Region gedeihen zwei Sonderkulturen nebeneinander: der Hopfen und der Spargel. Ungefähr 9 km östlich von Schrobenhausen und etwa 13 km nordwestlich von Scheyern sieht man schon von weitem den mächtigen, auf einen Hügel gebauten Gebäudekomplex des Franziskanerinnenklosters von Hohenwart.

Spargelstechen

Kloster Hohenwart mit Paartal

Fahnenweihe

Auf erste Spuren früher Kulturen stieß man in Steinerskirchen, einem Ortsteil der Marktgemeinde Hohenwart. Die Funde werden im Heimatmuseum von Schrobenhausen aufbewahrt. In Steinerskirchen wurde auf einer keltischen Kultstätte auch eine der ersten Kirchen aus Stein erbaut, die ebenso wie das Kloster dieses Ortes im Besitz der Herz-Jesu-Missionare ist. Es gibt also zwei Klöster im Gemeindebereich Hohenwart.

Ihren Namen verdankt die Marktgemeinde wahrscheinlich einem früher auf dem heutigen Klosterberg gelegenen römischen Aussichtsturm. Aus der lateinischen Bezeichnung „alta specula", zu deutsch „hohe Warte", soll sich die heutige Ortsbezeichnung Hohenwart entwickelt haben. Leider kann man aber weder die Namensentstehung durch Urkunden noch eine römische Besiedlung zu dieser Zeit durch Funde nachweisen. Später wurde auf dem heutigen Klosterberg ein Schloß errichtet, dem König Luitbrand der Langobarde (gestorben 743 n. Chr.), von dem auch die Hohenwarter Stammlinie ausging, nach Aufbauarbeiten seiner Vorgänger die endgültige Form gab.

Dieses Schloß bewohnten um 1000 n. Chr. ein gewisser Ortholf und seine Schwester Wiltrudis. Als sich Ortholf auf einem Kreuzzug befand, gelobte Wiltrudis ein Kloster zu gründen, wenn ihr Bruder wieder heimkehren sollte. Auf Wunsch seiner Schwester ließ Ortholf nach

113

seiner Rückkehr das Schloß in ein Kloster umwandeln, das Benediktinerinnen bezogen. Weder die Geschichte des Schlosses noch die Umstände der Klostergründung aber sind bis in alle Einzelheiten bekannt und eindeutig belegt. Die erste nachprüfbare Urkunde stammt aus dem Jahre 1074 und berichtet von der Einweihung der Kirche auf dem Klosterberg.

Auf dem Klosterberg entstand eine Siedlung, die den Namen Hohenwart führte und das Marktrecht besaß. Nach einem Brand im Jahre 1356 bestätigte Herzog Ludwig der Brandenburger die Freiheitsrechte der Bürger zu Hohenwart. In einer Urkunde aus dem Jahre 1373 werden die Rechte der Bürger des Marktes erneut bestätigt.

Eine Abwanderung ins Tal erfolgte 1409/1410. Es entstand ein neuer Ort, der mit einer Ringmauer und drei Toren befestigt war. Weitere Rechte wurden erworben, so 1415 das Recht, Stock und Galgen zu führen. Anfang des 19. Jahrhunderts wurde die Mauer abgerissen. Nur noch das sogenannte „Obere Tor" blieb stehen. Das Bauwerk im Eigentum des Marktes Hohenwart wurde

zusammen mit dem benachbarten „Heilig-Geist-Spital" – eine Stiftung aus dem Jahre 1525 – von einem Ärztepaar renoviert.

Die Säkularisation im Jahre 1803 bedeutete das Ende des Benediktinerinnenklosters. 73 Jahre später erwarb ein gewisser Johannes Evangelist Wagner das verweltlichte Klostergebäude und übergab es den Franziskanerinnen mit dem Wunsch, eine Taubstummenanstalt zu gründen. Um die Versorgung des Stifts zu sichern, ergänzte er in den Jahren 1877 und 1878 den Besitz des Klosters mit Anwesen, Wiesen, Äckern und Waldungen. Dank der Äbtissin Anna Mundlacherin besitzt das Stift seit 1598 auch eine eigene Wasserversorgung und ist somit so gut wie autark. Mit eigener Bäckerei und Landwirtschaft versorgt sich die Taubstummenanstalt bis heute zum großen Teil selbst. Taubstumme Jungen und Mädchen können hier ihren Hauptschulabschluß machen. Anschließend besteht die Möglichkeit, die Berufsschulen für Hauswirtschaft und Damenschneiderei zu besuchen, mit der Gesellenprüfung abzuschließen und in der Weißnäherei tätig zu sein. Über

Renovierter Turm der alten Ringmauer von Hohenwart nebst Spital

Deutschlands Grenzen hinaus bekannt ist die Anstalt für ihre Fahnenstickerei; sie ist auf Jahre mit Aufträgen eingedeckt.

Die Marktgemeinde Hohenwart gehörte früher zum Landkreis Schrobenhausen. Erst im Zuge der Landkreisreform wurde sie dem Landkreis Pfaffenhofen a. d. Ilm zugeteilt. Die Bevölkerung aber ist noch sehr nach Schrobenhausen orientiert, was wohl mit der langjährigen Zugehörigkeit und der günstigeren Verkehrsverbindung zum Landkreis Schrobenhausen zu erklären ist.

Obwohl Hohenwart ein Randsiegelbezirk ist, spielt auch hier der Hopfenanbau eine gewichtige Rolle. In dem seit 1865 bestehenden Siegelbezirk gibt es eine genossenschaftlich betriebene Hopfenhalle.

Für die ca. 3300 Einwohner stellen neben der Landwirtschaft mit Hopfen- und Spargelanbau mehrere Handwerksbetriebe und zwei metallverarbeitende Unternehmen Arbeitsplätze. Industrie gibt es in Hohenwart nicht. Ein Großteil der Arbeitnehmer pendelt deshalb in das nahegelegene Industriezentrum Ingolstadt.

Zu einem gewissen Prozentsatz ist das Pendeln durch die Tatsache bedingt, daß viele Städter zwar ihren Wohnsitz, nicht aber ihren Arbeitsplatz nach Hohenwart verlegen. Daß in Hohenwart günstig gebaut wird, liegt sicher an dem noch verfügbaren preisgünstigen Baugrund. 1983 wurde ein Baugebiet erschlossen und ein weiteres bereits ausgewiesen.

Hohenwart besaß ein gemeindeeigenes Krankenhaus. Es wurde am 31.12.87 geschlossen und in ein privates Altenpflegeheim umgewandelt.

Mit der Grund- und Hauptschule bekam der Markt sehr gute Sportanlagen, die auch den Sportvereinen zur Verfügung stehen. Ein Schwimmbad war zwar geplant, mußte aber aus Kostengründen wieder verworfen werden. Dafür werden die Schüler auf Gemeindekosten zum Schwimmbad nach Schrobenhausen gebracht.

Auch in Hohenwart wird das Vereinsleben gepflegt. Unter den 30–40 gegründeten Vereinen erfreut sich die freiwillige Feuerwehr besonderer Beliebtheit. Die Gemeinde hält viel von ihren sieben freiwilligen Feuerwehren und unterstützt sie im Rahmen ihrer finanziellen Möglichkeiten.

Störche auf einem alten Brauereischornstein

Langquaid

Während der Hopfen in Hohenwart, dem westlichsten Siegelbezirk der Hallertau, noch eine gewichtige Rolle spielt, ist er in Langquaid, dem östlichsten Siegelbezirk, zu einer unbedeutenden Kulturpflanze geworden. 1983 wurden hier nur 257,54 Ztr. Hopfen abgewogen. Der Siegelbezirk Langquaid liegt zwar heute bei der Hopfenabwaage an letzter Stelle, kann aber auf eine über 100jährige Hopfenbautradition zurückblicken. Bereits 1890 baute die Firma Christian Wolff aus Langquaid eine Hopfenpflückmaschine. Die Erfindung des Maschinenschlossers Johann Wolff konnte sich allerdings in der Praxis nicht durchsetzen, da die Maschine technisch noch nicht ausgereift war und zur Bedienung noch zu viele Hilfskräfte benötigte. Ein Jahr später, am 21. Juli 1891, wurde Langquaid zum Hopfensiegelbezirk ernannt.

Bereits in vorgeschichtlicher Zeit war das Gebiet um Langquaid schon bevölkert. Im Jahre 750 wird die Einöde „Verroniwaida" (neues Weideland) erstmals genannt, die aber wahrscheinlich noch älter ist. Um die Jahrtausendwende heißt die Siedlung „Langwat" (langes Dorf oder langes Weidegebiet) und an anderer Stelle, wahrscheinlich auf Grund einer Furt durch die Laaberauen, „Langquat".

Schon 1037 schenkte der Enkel des Grafen Ebersberg seine Besitzungen in und um Langquaid den Benediktinerinnen zur Errichtung des Klosters Geisenfeld. Bei der ersten Teilung Bayerns 1255 wurde Langquaid dem Herzogtum Niederbayern angegliedert und somit Grenzort. 1280 erhielt es das Marktrecht. Das erste Siegel aus dieser Zeit ist verlorengegangen. 1659 wurden die Marktfreiheiten, Privilegien und das Siegel mit dem Wappen des Marktes „Landtquidt" von Kurfürst Ferdinand Maria bestätigt.

Das Wappen Langquaids zeigt ein goldfarbenes Brustbild eines blau gekleideten, bärtigen Heiligen mit schwarzem Hut, auf dessen Krempe wie auch auf dem Mantel jeweils eine silberne Pilgermuschel angebracht ist.

Im heutigen Langquaid spielt die Landwirtschaft nur noch in den Ortsteilen eine wichtige Rolle. Im Ortskern dagegen wird der Arbeitsmarkt von mittleren Handwerks- und Gewerbebetrieben und zwei feinmechanischen Fabriken mit jeweils über 100 Angestellten bestimmt. Die insgesamt 400–600 Arbeitsplätze und die Möglichkeit der Heimarbeit reichen natürlich nicht aus, um alle Arbeitnehmer Langquaids zu beschäftigen. Viele von ihnen sehen sich deshalb gezwungen, nach Regensburg, Landshut oder Kelheim zu pendeln.

Langquaid wurde so ein „Wohnmarkt": „Das ist so gedacht, daß wir zum Wohneinzugsgebiet Regensburg gehören", so Max Daffner, Erster Bürgermeister. Mit der fertiggestellten Autobahn München – Regensburg, die an Langquaid vorbeiführt, stellt die 30 km betragende Entfernung von hier bis in das Oberzentrum Regensburg kein Problem mehr dar. Der Situation entsprechend werden viele Bauplätze ausgewiesen. Allerdings besteht auf diesen Grundstücken Bauzwang: Fünf Jahre nach dem Erwerb muß der Rohbau errichtet sein.

Für seine 3850 Einwohner schuf der Markt Langquaid alle notwendigen Grundversorgungseinrichtungen. So besteht z. B. mit den Gemeinden Hausen und Herrngiersdorf ein Volksschulverband. Den Besuch der Realschule in Rottenburg a. d. Laaber oder in Abensberg erleichtern Busverbindungen dorthin. Gymnasien stehen in Kelheim, Regensburg oder Kloster Rohr zur Verfügung. Ab 1970 wurde in Langquaid ein neues Schulhaus mit einer Doppelturnhalle, einem Hartspielplatz und einem Rasenspielfeld errichtet. Außerdem ist eine gemeindeeigene Turnhalle mit einem Rasenspielfeld vorhanden. In Eigenleistung wurde 1979 eine Stockbahn mit sieben Spielfeldern angelegt.

Anregungen und Möglichkeiten zur abwechslungsreichen Freizeitgestaltung geben im Markt 16 Vereine, darunter der Gartenbauverein, der Sportverein und der Wanderverein, der jedes Jahr einen Wandertag in Langquaid veranstaltet.

Eine Besonderheit der Gemeinde ist der schöne Marktplatz. Im Rahmen der Städtebauförderung wurden in den Jahren 1984/85 die Fahrbahn am Marktplatz verringert und Baumreihen gepflanzt.

Die Festschrift zum 700jährigen Marktjubiläum 1980 enthält einen alten Spruch, den ihr Verfasser Adalbert Obermayer der Marktgemeinde mit auf ihren Weg in eine gute Zukunft gab:

„Gott halte Langquaid in seiner Huld und Gnade.
Er lasse Teuerung, Pest und Krieg entfernet sein,
er gebe Glück und Heil dem hohen Magistrate,
er setze Licht und Recht durch seine Diener ein.
Die Künste schütze er, die Handelsschaft floriere,
der Bürger lebe froh, der Arme werde satt
und die Gebrechlichen tröste, Herr, und führe!
So danket Dir, o Gott, was lebt und Odem hat."

Langquaid

Kloster Rohr

Benediktinerabteikirche Rohr. Der Kirchenraum – Blick zum Hochaltar

Die flachwellige Landschaft um Langquaid erinnert kaum mehr an das Hügelland der Zentralhallertau, zumal die Hopfengärten fehlen. Ungefähr 7 km von hier, etwas abseits der Straße von Langquaid nach Rottenburg a. d. Laaber, liegt der 1000jährige Markt Rohr mit seinem Kloster und der berühmten Klosterkirche, die als Glanzstück des süddeutschen Barock gilt.

Der Anfang des Klosters reicht bis in die Zeit des frühen 12. Jahrhunderts zurück. Nach kinderloser Ehe schenkte der Edle Adalbert von Rohr, ein Sprößling aus dem Abensberger Babonengeschlecht, seinen Besitz dem Regensburger Bischof, damit in Rohr ein Kloster für Augustinerchorherren gegründet werde.

Zu Beginn entstand eine romanische Basilika mit einem massiven, freistehenden Turm. Ab 1438 wurde die Stiftskirche bei einer Restauration gotisiert. In den Jahren 1618/20 erhielt sie eine barocke Ausstattung mit Stuckornamenten. Während des Dreißigjährigen Krieges wurde das Kloster zerstört und die Stiftskirche schwer beschädigt. Den Grundstock für einen Neubau der Kirche bildeten der Turm und Teile der südlichen Außenmauer.

Unter Probst Patritius II. v. Heydon aus Straubing (1682–1730) entstand in der Zeit von 1717–1723 die heutige Kirche. Egid Quirin Asam (1692–1750) war der Architekt, der Stukkator, der Gestalter der Altaraufbauten und der Schöpfer der monumentalen, vollplastischen Hochaltarkomposition, einer Maria-Himmelfahrtsgruppe. In der üppig-barocken Raumarchitektur des Gotteshauses wirkt der Hochaltar nicht wie ein notwendiges Ausstattungsstück. Vielmehr ist er, nicht zuletzt durch die ausdrucksstarken, lebensgroßen Stuckfiguren und die plastische Lichtführung, der zentrale Punkt. Johann Konrad Brandenstein vervollständigte die Kirche 1725 mit dem Bau der Orgel. Das Kloster wurde von 1749–1761 neu gebaut.

Im Zuge der Säkularisation wurde das Augustinerchorherrenstift 1803 aufgelöst. Erst seit März 1946 bewohnen wieder Mönche die Räumlichkeiten des ehemaligen Klosters. Der heimatvertriebene Konvent der Benediktinerabtei Braunau in Ostböhmen fand in Rohr seine neue Wirkungsstätte.

Das Kloster führt heute ein neusprachliches Gymnasium. Einer großen Besucherzahl erfreuen sich die von Kloster und Schule veranstalteten Konzerte sakraler und profaner Musik. Im Sommer ist die „Musica Sacra" zu hören, im Winter werden Volksmusik- und Kammerkonzerte gegeben. Das Gymnasium besuchen viele Schüler aus den umliegenden Gemeinden

Laabertal-Landschaft

Neugotische St.-Georg-Kirche in Rottenburg a. d. Laaber

Max-v.-Müller-Denkmal

Rottenburg a. d. Laaber

Rottenburg

Der Name Rottenburg ist älter als der Ort, der ihn heute trägt. Er bezeichnete früher eine Burg, die auf dem sogenannten Hofberg lag.

Um 870 berichtet eine Urkunde, das erste Schriftsück, das Aufschluß über die Gegend am Hofberg gibt, von Alawich, einem Geistlichen adeligen Stammes, der Kanzler des Grafen Rodolt war. Ihm war von König Ludwig dem Deutschen ein Besitz bei Otterbach geschenkt worden. Graf Rodolt, der Ahnherr des mächtigen Geschlechts der Grafen von Ebersberg, brauchte für sein Gebiet einen Stützpunkt, einen Sitz der Verwaltung. Es ist anzunehmen, daß er dort, wo der Kanzler seine Besitzungen hatte, auf dem Hofberg eine Burg baute und ihr seinen Nahmen gab: Rodinburg = Rotenburg. Um 1180 fielen Berg und Burg an die Grafen von Moosburg, die die vorhandene Anlage erheblich ausbauten, sie befestigten und auch bewohnten. 1256 nennt eine Urkunde Graf Konrad von Moosburg, Graf von Rotenburg.

Der letzte Graf von Rotenburg und Moosburg starb 1280. Die Nachfolge trat 1284 der Landesherr Herzog Heinrich von Niederbayern, ein Wittelsbacher, an und bildete zwei Landgerichte. Das neue Landgericht Rotenburg bestand aus den fünf Ämtern Pfeffenhausen, Altdorf, Ergolting, Altheim und Rotenburg.

Die Wittelsbacher, seit 1180 im Besitz des bayerischen Herzogtums, legten eine neue Straße an, die ihre zwei Stützpunkte Kelheim und Landshut verband. Auf halber Strecke lag die Veste (Burg) Rotenburg. Am Fuße des Burgbergs entstand deshalb ein Rasthaus, das den Reisenden Verpflegung und Unterkunft für die Nacht sicherte. Als die Herzöge nun den Verkehr von Nürnberg über Kelheim nach Landshut leiteten, verdichtete sich das Leben auf der neuen Straße und sie entschlossen sich, neben dem Rasthaus, am Fuße der Rotenburg eine größere Siedlung anzulegen. Am 7. Juli 1378 wurde diese neue Siedlung, die ihren Namen von der Veste erhielt, Rotenburg also, heute Rottenburg, zum Markt erhoben. Im Dreißigjährigen Krieg stürmten 1632 die Schweden

dic Burg und brannten sie nieder. Die Burg wurde nicht mehr aufgebaut, ist aber bis heute im Wappen Rottenburgs verewigt. Die Bürger benutzten die Burgruine als Steinbruch und bauten in den nächsten Jahrzehnten, nach weiteren verheerenden Bränden, aus dem so gewonnenen Material ihre Häuser wieder auf.

1831 wurde der alte Burgplatz eingeebnet und zu einem Friedhof umgewandelt, auf dem Rottenburgs berühmtester Sohn, der Fliegerleutnant und Ehrenbürger Max Ritter von Müller, Bayerns erfolgreichster Jagdflieger des Ersten Weltkriegs und Träger höchster Kriegsorden, ruht.

In einem Staatsakt wurde der Markt Rottenburg a. d. Laaber am 18. September 1971 zur Stadt erhoben.

Bis 1972 war Rottenburg der Mittelpunkt des gleichnamigen Landkreises. Zahlreiche Behörden hatten hier ihren Sitz. Im Zuge der Landkreisreform hat Rottenburg am 1. Juli 1972 seinen Status als Kreisstadt verloren und ist gegen den Willen der Bevölkerung in den neugebildeten Landkreis Landshut eingegliedert worden. Damit wurde der Stadt jegliche Zentralität genommen. Leidtragende waren unter anderem die Gewerbetreibenden: „...die ehemaligen Kreisbürger aus den Orten wie z. B. Langquaid, Rohr, Hohenthann, Pfeffenhausen, die bei uns auf den Ämtern etwas zu erledigen hatten, haben dann nebenbei auch in den Geschäften eingekauft. Diese Kunden sind verloren," so Ludwig Rauchenecker, Erster Bürgermeister. Weiter meint er: „Den Verlust der Zentralität wird man nie wieder aufholen können."

Der seit 1872 bestehende Siegelbezirk Rottenburg a. d. Laaber liegt mit seiner jährlichen Hopfenabwaage unter den 13 Siegelbezirken an zwölfter Stelle. Während hier früher sehr intensiv Hopfenanbau betrieben wurde, hat die Sonderkultur Hopfen in den letzten 10–20 Jahren an Bedeutung verloren. Wegen der zunehmenden Spezialisierung der landwirtschaftlichen Betriebe und der hohen Kosten, die der Hopfenanbau verursacht, bildet er nur noch für wenige Betriebe eine wesentliche Einnahmequelle. Die Landwirte Rottenburgs bauen heute vorwiegend Mais und Getreide an und leben vor allem von der Schweinezucht.

Während ein Drittel der Bevölkerung hauptberuflich in der Landwirtschaft tätig ist, arbeiten zwei Drittel im Gewerbe und in der Industrie. In einer von der Stadt aufgekauften Industriehalle konnten mehrere namhafte Industrieunternehmen angesiedelt werden, die zusammen mit den Gewerbebetrieben etwa 1500 Arbeitsplätze und sehr gute Ausbildungsmöglichkeiten bieten. Ein Teil der Bevölkerung pendelt in die nahe liegenden Industriezentren.

Mit der Gemeindegebietsreform wurde Rottenburg eine Großgemeinde. Sie umfaßt seit dem 1.5.1978 die Stadt Rottenburg und die ehemaligen Gemeinden Högldorf, Inkofen, Münster, Niedereulenbach, Oberhatzkofen, Oberotterbach, Oberronning, Pattendorf, Pfeffendorf und Unterlauterbach. In den insgesamt elf Stadtteilen sind derzeit etwa 6800 Einwohner gemeldet, denen alle Grundversorgungseinrichtungen zur Verfügung stehen. Rottenburg besitzt sogar ein eigenes Krankenhaus, allerdings ohne chirurgische Abteilung. Auch für Geburten ist es nicht mehr eingerichtet. Zur Entbindung gehen die Rottenburgerinnen nach Landshut. Die „echten, gebürtigen Rottenburger" sterben deshalb langsam aus.

Ein Gymnasium gibt es in Rottenburg nicht. Den Besuch einer solchen Schule in Rohr, Mainburg und Landshut erleichtern aber tägliche Busverbindungen dorthin. Im Ortsteil Oberronning sind in dem Kloster der Salesianerinnen eine Pflegestelle für Säuglinge, ein Kindergarten, eine private Volksschule, eine Mädchenrealschule und eine Fachschule für Hauswirtschaft eingerichtet. Das Volksbildungswerk Rottenburg e.V. und das christliche Bildungswerk, eine Schul- und eine Stadtbücherei mit über 9600 Bänden ermöglichen den Erwachsenen, sich auf verschiedenen Gebieten fortzubilden.

Wie überall in der Hallertau gibt es auch in Rottenburg eine Vielzahl an Vereinen, z.B. die beiden Bildungswerke, die 1973 gegründete Stadtkapelle und den Sportverein mit etwa 800 Mitgliedern. Über den Wert der knapp 70 Vereine für Rottenburg sagt Bürgermeister Ludwig Rauchenecker:

„Es besteht ein sehr aktives Vereinsleben, was ja in einer Gemeinde wichtig ist. Gerade im Vereinsleben ist die persönliche Kommunikation oder Freizeitbeschäftigung. Ich lege sehr großen Wert auf die Vereine, gerade hinsichtlich unserer Jugend. Wenn der junge Mensch die Schule verläßt, aus der Gemeinschaft herausgeht, dann soll er hernach nicht irgendwie als Einzelgänger leben, sondern soll aufgenommen sein in eine Gemeinchaft, in einen Verein, in dem er gleichgesinnte Kameraden und Kameradinnen trifft und da zusammenkommt, um die Freizeit mitzugestalten."

Für alle, die ihre Freizeit sportlich gestalten wollen, stehen in der Stadt Rottenburg und in den Ortsteilen viele schöne Sportplätze und mehrere Turnhallen zur Verfügung. Im Sommer wird vor allem das Freibad gern besucht.

Töpferei von Christa Rott

Rund ums Bier

Obwohl Rottenburg am Rand der Hallertau liegt und den vorletzten Platz unter den Siegelbezirken bei der Hopfenwaage einnimmt, hat die Stadt, oder besser ein Weiler 9 km nordöstlich des Stadtzentrums, eine Besonderheit in puncto Hopfen und Bier zu bieten:

Auf dem Gutshof von Ludwig Bauer in Winisaureuth bei Oberronning wird seit 1925 Bier gebraut, anfangs mit Hausrecht und seit dem Ende des Zweiten Weltkriegs mit gewerblichem Braurecht ohne Sudkontingentierung. In einem kleinen, zweistöckigen Nebenge-

bäude, in dem alle zur Bierherstellung notwendigen Utensilien untergebracht sind, entstehen jährlich in meist acht Suden jeweils 6 hl Bier. Für den Brauprozeß verwendet er kristallklares Wasser aus seinem Tiefbrunnen und Hopfen von der eigenen, 8 ha großen Hopfenplantage. 7,5–10 kg des „grünen Goldes der Brauer" genügen für die Jahresproduktion von 48 hl. Das Braumalz bezieht er fertig. Wie jede Brauerei muß auch Ludwig Bauer den Sud zuvor beim Zollamt anmelden und für jeden Liter die Biersteuer abführen. Trotzdem rentiert sich die private, arbeitsintensive Bierproduktion, nicht zuletzt wegen der steigenden Bierpreise. Außerdem meint der 61jährige Landwirt: „A fremds Bier kommt mir net ins Haus; das selberg'machte schmeckt nämlich am allerbesten." Auch Ludwig Bauer braut natürlich nach dem bayerischen Reinheitsgebot, nach dem nur Gerste, Hopfen, Hefe und Wasser zur Bierbereitung verwendet werden dürfen. Wie entsteht nun aus diesen vier Ingredienzen das weltweit begehrte Bier?

Ludwig Bauer bei der Hopfengabe

Der Brauprozeß ist ein äußerst diffiziler Vorgang, dessen korrekter Ablauf, neben der Qualität der Rohstoffe, für den Geschmack des Biers verantwortlich ist. Der wichtigste Grundstoff für die Bierherstellung ist die Gerste. Nur bei Weizenbier und der Berliner Weißen wird auch Weizen mitverarbeitet. Für den Brauprozeß wird eine besonders hochwertige Gerstensorte verwendet, die zweizeilige Sommergerste, die die erforderlichen Qualitäten für das Mälzen und Vergären besitzt. Der Hopfen ist der zweite Rohstoff für das Bier. Er gibt ihm den typisch herben Geschmack und erhöht die Haltbarkeit. Außerdem trägt der Hopfen zur Festigkeit der Schaumkrone bei. Als dritter Grundstoff wird eine speziell für die Bierherstellung gezüchtete Bierhefe verwendet. Sie bringt die Bierwürze zur Gärung. Das Wasser ist der letzte Rohstoff, wobei es sich nicht um gewöhnliches Leitungswasser handelt. Brauwasser muß absolut chlor- und nitratfrei sein. Deshalb schwören die Braumeister auf die brauereieigenen Tiefbrunnen, deren reines, quellklares Wasser besonders zur Bierherstellung geeignet ist.

Die erste Stufe im Brauprozeß ist die Malzbereitung. Je nach Art der Zubereitung entsteht ein dunkles oder helles Malz, das dem Bier später seine Farbe gibt. Das fertige Braumalz wird geschrotet, mit Wasser vermischt – Fachleute nennen das gemaischt – und in der Maischpfanne langsam erhitzt. Es entsteht die Würze, die im Läuterbottich oder Maischefilter von ihren festen Bestandteilen, den Malztrebern, getrennt wird. Die nächste Station ist die Braupfanne (Würzpfanne), die mit ihrer charakteristischen Sudhaube der optische Mittelpunkt jeder Brauerei ist. Hier wird der Würze der Hopfen in Form von Pellets, Extrakt oder weniger häufig Naturhopfen zugegeben und ein bis zwei Stunden gekocht. In Kühlapparaten wird nun die fertige Bierwürze auf Kellertemperatur abgekühlt, bevor sie in den Anstell- oder Gärkellern in große Bottiche oder Gärtanks gefüllt wird. Die letzte Zutat, nämlich unter- oder

Mittelpunkt jeder Brauerei ist die charakteristische Sudhaube

obergärige Bierhefe bringt die Würze zum Gären. Die untergärige Hefesorte vergärt den Malzzucker bei einer Temperatur zwischen 4 und 10 °C. Die Hauptgärung dauert etwa acht Tage, dann setzt sich die Hefe am Boden ab. Deshalb spricht man von untergärigen Bieren, wie z. B. Pils, Export, Märzen- und Bockbier. Bei obergärigen Bieren wie Alt, Kölsch, Weizenbier, Berliner Weiße und Malzbier vergärt die Würze bei einer höheren Temperatur (15–20 Grad) und in kürzerer Zeit. Anschließend sammelt sich die Hefe an der Oberfläche und wird abgehoben. Diese Brauart ist die ältere, denn erst mit dem Beginn des 20. Jahrhunderts wurde es möglich, die für untergärige Biere benötigte Temperatur künstlich zu erzeugen. Nach der Hauptgärung wird das Bier in große Tanks im Lagerkeller gepumpt. Hier kommt es zur Ruhe, gärt nach, klärt sich und reift bei einer Temperatur um 0 °C heran. In Dosen, Flaschen und Fässer abgefüllt, tritt es dann den Weg zum Konsumenten an.

Lagertanks

Von alters her gehört das Bier zu den gefragtesten Getränken des Menschen. Nicht nur bei den Sumerern, Ägyptern, Griechen, Römern und Germanen hatte das Bier seinen Platz. Im Gilgamesch-Epos, einem der größten Werke der Weltliteratur, ist nachzulesen, welche Stellung die Babylonier dem Bier einräumten. Es wird von einem zottigen, ungebärdigen Wesen berichtet, das in der Steppe lebte, mit den Gazellen fraß und mit ihnen zu den Wasserstellen zog, um dort gemeinsam das Wasser zu trinken. Das Wesen hieß Enkidu, Beschützer der Jagdtiere, das die Fallen der Jäger zerstörte. Dem Halbgott Gilgamesch, Herrscher von Uruk, mißfiel dies. Er schickte eine Dirne zu Enkidu in die Steppe, daß sie ihn verführe. Wörtlich heißt es:

„Enkidu weiß nicht wie man Brot ißt,
versteht nicht den Rauschtrank (Bier) zu trinken.
Da tat die Dirne ihren Mund auf und sprach zu Enkidu:
‚Iß das Brot, Enkidu, das gehört zum Leben! Trink den Rauschtrank, wie's Brauch ist im Lande.'
Brot aß Enkidu, bis er gesättigt war,
trank den Rauschtrank – der Krüge sieben!
Es frohlockte sein Herz und sein Antlitz erstrahlte!
Mit Wasser wusch er ab seinen haarigen Leib;
er salbte sich mit Öl und ward zu einem Menschen."

Dieser Auszug aus dem Gilgamesch-Epos hat selbst nach knapp 6000 Jahren nichts an Aktualität verloren. Man muß zwar nicht gleich sieben Maß zu sich nehmen, um etwa nach einem anstrengenden Arbeitstag wieder Mensch zu werden. Wie belebend und erquickend der erste Schluck aus dem Bierglas ist, können wir aber sicher alle nachfühlen. Nach statistischen Erhebungen aus dem Jahr 1988 trinkt der Deutsche jährlich 144,0 Liter Bier im Durchschnitt. Zwar ist diese Zahl im Vergleich zu den vorangegangenen Jahren rückläufig, doch steht die BRD mit 88 Mio hl weltweit an der Spitze des Bierkonsums. Nach der Theorie des Prof. Wilhelm Stepp müßten die Deutschen ein gesundes, ausgeglichenes Volk sein. In seinem Buch „Bier, wie es der Arzt sieht" beschreibt er die positive Wirkung von Bier bei mäßigem Genuß:
Der geringe Alkoholgehalt von Bier, also die kleinen Dosen Alkohol „führen bei den meisten Menschen das Gefühl geistigen und körperlichen Wohlbefindens herbei." Mit dem Hopfen bekommt das Bier eine Reihe von Stoffen, die seinen Charakter mitbestimmen, z. B. ätherische Öle, die die Empfindlichkeit gegen Nikotin

herabsetzen und beruhigend wirken. Bei der verstärkten Nierentätigkeit nach dem Genuß von Bier sollen Hopfenharze beteiligt sein. Außerdem regt Bier, wie alle alkoholischen Getränke, den Appetit an und fördert die Verdauung.

Ein übermäßiger Genuß des edlen Gerstensaftes könnte aber, neben gesundheitlichen Schäden, unter Umständen zu Handgreiflichkeiten führen, wie sie sehr lebendig in einem Auszug aus „Maria-Fried", einem Roman aus der Hallertau von Hans Ludwig Held aus dem Jahre 1910, geschildert werden:

„Am Ende des Dorfes stand die Schmiede, die der ‚schwarze Schmidhias' mit seiner Schwester, der, ‚roten Res', bewohnte. Es war eine finstere, rauchgeschwärzte Hütte, mit einem weit vorgebauten, hölzernen Vordach, unter dem der Schmied sein weniges Werkzeug in wilder Unordnung liegen hatte. Es war selten, daß der niedere Kamin einmal seine schwarzen Rauchwolken entsandte; denn der Schmied saß lieber untätig unter seinem Werkzeug, oder lärmend und schreiend im ‚goldenen Schwan', unter dessen Fittiche er sich gerne für immer geflüchtet hätte, würde ihn nicht die scheltende Schwester zur rechten Zeit mit robusten Armen aus der Schar

seiner betrunkenen Freunde herausgeholt haben – und manch Märlein ging im Dorf von den fünf Fingern der Res ... und der rußgeschwärzten Wange ihres Bruders." Hätte die „rote Res" etwas Hopfentee getrunken, wäre sie sicherlich schonender mit ihrem Bruder verfahren, denn Hopfen wirkt beruhigend. So hilft er bei Nervosität, Einschlafstörungen und leichten Depressionen. Auch in der Homöopathie gilt der Hopfen, das „Homöopathikum Humulus Lupulus" als ein gutes Beruhigungsmittel. Schließlich wirkt er appetitanregend. Dargereicht wird der Hopfen pur oder in einer Kräutermischung als Tee, Tinktur oder seltener als Naturhopfen, beispielsweise als Kissenfüllung.

Während aber nur 1 % des weltweit verkauften Hopfens im Kosmetik- und Pharmabereich Anwendung findet, sind 99 % für die Brauereien zur Bierherstellung bestimmt. Früher gab es in jedem der 13 Siegelorte eine Vielzahl an Brauereien. Während auf Grund des Preisdrucks viele kleinere Brauhäuser im Bereich der Hallertau schließen mußten oder von den größeren aufgekauft wurden, stellen sich in Pfeffenhausen gleich drei Brauereien, die ausschließlich heimischen Hopfen verwenden, dem harten Konkurrenzkampf.

Pfeffenhausen

Über die Gründung des Ortes Pfeffenhausen und die Entstehung des Ortsnamens fehlen urkundliche Belege. Fest steht, daß ab dem 9. Jahrhundert die Grafen von Ebersberg ein ausgedehntes Gebiet am Oberlauf der großen Laaber besaßen, in dem Pfeffenhausen der Mittelpunkt ihrer Herrschaft war. Der letzte regierende Graf, Adalbero III., und seine Gemahlin Richlindis übergaben in einer Schenkungsurkunde 1040 ihren Besitz Pfeffenhausen an das Benediktinerkloster St. Sebastian zu Ebersberg, das dort anstelle einer Burg gegründet worden war.

Auch die Wittelsbacher übten als Vogteiherren über das Kloster Ebersberg Einfluß und Macht im Ort aus.

Die günstige Verkehrslage Pfeffenhausens an der alten Salzstraße Salzburg–Nürnberg hat sicher zu einer frühen wirtschaftlichen Aufwärtsentwicklung bei-getragen. Das Datum der Markterhebung ist aber nicht bekannt.

Um 1400 begannen die Bürger ihren Markt zu befestigen. Sie schützten ihn durch einen Graben und eine Ringmauer und errichteten über den vier einmündenden Straßen feste Torhäuser. Daraufhin verlieh 1401 Herzog Heinrich dem Markt ein Wappen: „... undten in dem Schildt mit einem roten Pfeffen in einem weißen Feldt und oben darauf mit blab und weißen Wecken entwerch über ...“ Nach diesem Wortlaut trug das Marktwappen, wie auch heute noch, im geteilten Schild oben die Rauten in den Landesfarben Weiß-Blau und unten einen roten Dompfaff. Der Ort kann sich damit der ältesten, sicher nachweisbaren herzoglichen Wappenverleihung rühmen.

Dennoch blieb der Ort von schweren Heimsuchungen wie Kriegen, der Pest und Viehseuchen nicht verschont; wiederholt wurde er überschwemmt. Aufzeichnungen zufolge strömte bei der Hochwasserkatastrophe am 4. September 1584 die Flut mit solcher Wucht durch den Ort, daß sogar die Gräber aufgerissen und Leichengebeine herausgeschwemmt wurden.

Unter den Jesuiten, denen 1595 der Ebersberger Besitz zugeeignet worden war, wuchs die Einwohnerzahl und neues Gewerbsleben regte sich.

Pfeffenhausen

Im Jahre 1779 jedoch brach Feuer aus und vernichtete innerhalb weniger Stunden den größten Teil des Marktes einschließlich der Kirche. Das große Bauen, das nun zwangsweise einsetzte, gab dem Ortskern weitgehend das heutige Aussehen.

Bedingt durch Mißernten herrschte besonders im Jahre 1817 große Hungersnot und Teuerung. Die Eintragung „… ein großer Teil der Menschen mußte genießen, was sonst das Vieh frißt, was vielen Menschen das Leben kostete …" läßt das Ausmaß dieses Notjahres ahnen.

Nach dem Ablösen der Grundherrschaft, die nach den Jesuiten der Malteserorden über den Markt ausübte, und dem Ende der Napoleonischen Kriege setzte ein wirtschaftlicher Aufschwung ein, so daß Pfeffenhausen 1889 als ein „wichtiger Gewerbs- und Handelsort des Bezirks" genannt wird. Die Inbetriebnahme der Eisenbahnlinie Landshut-Pfeffenhausen-Rottenburg im Jahre 1900 war dem Handel sicher förderlich. Nach der offiziellen Verleihung des Hopfensiegelrechts im Jahre 1879 erfuhr auch der Hopfenanbau einen Aufschwung, der dazu führte, daß die Zahl der Hopfenpflanzer die der Hausnummern im Markt bald überflügelte.

„Unter den 13 Siegelbezirken sind wir in bezug auf die Hopfenabwaage und Hopfenausfuhr die siebtgrößte Siegelgemeinde. Im Landkreis Landshut, sag' ich immer, sind wir die einzige echte Hopfensiegelgemeinde." So beschreibt der Erste Bürgermeister Hans Weigert den heutigen Stellenwert des Hopfenanbaus in Pfeffenhausen. Pfeffenhausen ist eine verhältnismäßig kleine, überwiegend landwirtschaftlich orientierte Gemeinde. Gerade für die Bevölkerung der eingegliederten Orte ist neben Getreideanbau und Feldfrucht der Hopfenanbau die Haupterwerbsquelle.

Im Ortskern selbst überwiegen Handwerk und Gewerbe. So stellt z. B. ein Käsewerk mit einem Milchbedarf von 350 000 l täglich 25 t Edelpilz- und Rohkäse her. Arbeitsplätze bieten außerdem drei Bauunternehmen und metallverarbeitende Firmen sowie mehrere kleinere und mittlere Handels- und Handwerksbetriebe. 50% der Arbeitnehmer pendeln jedoch in die Automobilindustrie nach Dingolfing, nach Landshut und sogar nach Rottenburg a. d. Laaber.

Im Zuge der Gemeindegebietsreform wurden zum 1. Mai 1978 sechs Gemeinden Pfeffenhausen angegliedert.

Die daraus entstandene Großgemeinde zählt heute bei einer Fläche von 73 qkm über 4450 Einwohner. Dazu meint Bürgermeister Hans Weigert: „Die Einheitsgemeinde ist zusammengewachsen und eine Einheit, die sich sehen lassen kann." Der Markt Pfeffenhausen wurde nach dem bayerischen Landesplanungsgesetz als Kleinzentrum eingestuft. Den Einwohnern stehen dementsprechend alle Grundversorgungseinrichtungen zur Verfügung.

Zum Vereinsleben in Pfeffenhausen meint Hans Weigert: „39 Vereine, sieben Feuerwehren und sieben Jagdgenossenschaften beschäftigen den Bürgermeister in der Freizeit. Allgemein spielt das Vereinsleben eine wesentliche Rolle, denn das gesellschaftliche Leben in den Landgemeinden ziehen ja die Vereine auf. Hätten wir keine Vereine, dann gäb' es auf dem Lande kein gesellschaftliches Leben mehr."

Pfeffenhausen ist ein historischer Markt mit eigenem Charakter. Seine Geschichte und frühere Struktur lassen sich heute noch am Ortsbild erkennen. Eine fast städtisch anmutende dichte Bebauung bestimmt das Bild des Ortskerns, dessen Grundriß noch die mittelalterliche Befestigungsanlage sichtbar werden läßt.

„Wir sind in Bayern nach dem Städtebauförderungsgesetz die kleinste Gemeinde. Im Jahre 1971 wollte man einen Versuch starten, ob man ein Städtebauförderungsgesetz auch in einer Landgemeinde, einem Markt anwenden kann", erläutert der Bürgermeister. Seit 1972 wird hier versucht, vor allem den historischen Ortskern im Rahmen einer Sanierung nach diesem Gesetz zu erhalten bzw. wiederherzustellen. 1990 sollen die Arbeiten abgeschlossen sein.

Um eine schöne Kirche bemühte man sich wesentlich früher. 1885 wurde der Grundstein für die neue Pfarrkirche Pfeffenhausen gelegt, die nach ihrer Fertigstellung, wie die Kirche Siegenburgs, vielfach „Dom der Hallertau" genannt wird. Diese Bezeichnung bekam der im neugotischen Stil gehaltene dreischiffige Backsteinbau vor allem wegen seiner Ausmaße.

Die Pfeffenhausener Pfarrkirche ist ein Beweis dafür, daß die Hallertau keineswegs ein „Ödland der Kunst" ist. Zwar kamen die Künstler meist von auswärts, hinterließen aber hervorragende Werke aus den verschiedensten Kunstepochen.

Hopfen-Siegelstelle

Altes Hallertauer Bauernhaus

Ein dritter Dom der Hallertau: die neugotische St.-Martin-Kirche in Pfeffenhausen

Ortsbildbeherrschend ist das stattliche Schloß Oberlauterbach, das nach dem Dreißigjährigen Krieg unter Verwendung und Einbeziehung alter Grundmauern errichtet wurde. Es umgibt einen italienisch anmutenden Innenhof mit malerischem Reiz.

Schloß Wildenburg: Im Jahre 1272 wurde das Schloß von Ritter Hans Ebran erbaut. Heute beherbergt es ein Altersheim.

Pfarrkirche in Pürkwang

Schimmelkapelle in Neuhausen

Klassizistische Scheune in Niederhatzkofen

Gedenksäule – Schlacht bei Gammelsdorf

138

Palmesel in Elsendorf

Johannisfeuer in Mainburg

Kriegerwallfahrt nach St. Anton

Prozession beim Bergfest in Rottenegg

Die Hallertauer Tracht

Im gesamten Bereich der Hallertau dokumentiert eine Vielzahl von schönen Gotteshäusern, größeren und kleineren Kapellen sowie zahlreichen Wegkreuzen die ungetrübte Katholizität der Hallertauer. Welch große Bedeutung die Religion in der Hallertau hat, zeigt z. B. die Inschrift einer Steintafel hinter der Empore der Marienkirche von Abens:

„Mit Gottes, unserer lieben Frau von Abens und des Hopfens Hilfe wurde dieses Gotteshaus neu gestaltet in den Jahren 1950 bis 1954."

Die Hallertauer sind also bereit zu helfen – und sei es nur finanziell –, wenn es um die Erhaltung ihrer Kirchen geht. Dasselbe gilt für die zahlreichen Kapellen, die teilweise in Privatinitiative renoviert werden.

Auch religiöses Brauchtum ist noch nicht erloschen. So wird beispielsweise jährlich das Johannisfeuer in Mainburg, der Palmeselritt in Elsendorf und die Hallertauer Kriegergedächtniswallfahrt nach St. Anton bei Ratzenhofen veranstaltet.

Zu den Zeugnissen religiösen Volksglaubens gehören auch die Votivtafeln, die Gläubige – z. B. nach Rettung aus einer Notlage – Gott und den Heiligen weihen. In der illustrierten Wochenschrift „Bayerland" aus dem Jahre 1892 ist zu lesen: „Diese Votivtafeln sind eine unerschöpfliche Fundgrube für den Historiker, insbesondere für die Kulturgeschichte. Tracht und Sitte des Volks werden uns in rauher, aber überaus ansehnlicher Weise überliefert."

Einige Trachtenvereine im Bereich der Hallertau versuchen, die alte Hallertauer Tracht wieder erstehen zu lassen. So zeigten sie auf der 100-Jahr-Feier der bayerischen Trachtenvereine am 3. Juli 1983 in München eine erneuerte, an alte Vorbilder angelehnte Tracht. Einige echte, alte Stücke aus dem vorigen Jahrhundert waren bei dieser Jubiläumsfeier ebenfalls zu sehen. Wie sah nun die Sonn- und Festtagstracht einer Hallertauer Bäuerin Mitte bis Ende des 19. Jahrhunderts aus?

Die Basis bildete das Leibl, das man auch Spenzer oder Jäckchen nannte, und der Rock. Das Leibl war eng anliegend und kurz und mit mehr oder weniger gebauschten, wattierten Ärmeln versehen, die zum Handgelenk hin eng geschnitten waren. Dazu trug man einen bauschigen, 3–4 m weiten Rock, der in der Taille gereiht oder in Fältchen gelegt war und dessen Länge etwa bis zu den Fußknöcheln reichte. Leibl und Rock bestanden meist aus dem gleichen Material, wie z. B. Atlasseide, Merino und vor allem Damastseide mit eingewebten kleinen und großen Blumen oder Streifen, geometrischen und anderen Mustern. Die Farben waren häufig gedeckt-changierend, wie z. B. violett, blau und rot, auch braun und schwarz.

Über die Kombination „Leibl" und Rock trug man ein mit grobem Leinen gefüttertes und mit Fischbein oder Stahldraht versteiftes Mieder. Es war mit schwarzer Seide bezogen und mit kunstvoller Goldstickerei, aufgenähten Goldspitzen und eingewebten Goldblümchen verziert. Die Kanten von Ausschnitt und Armloch waren mit golddurchwirkter Baumwollborte oder schwarzem Seidenripsband eingefaßt.

Am Vorderteil des Mieders waren beidseitig je fünf bis sechs silberne Filigran-Miederhaken angebracht. In diese Haken wurde das 3–8 m lange Erbskettensilbergeschnür eingehakt und abwechselnd von einer Hakenseite zur anderen gehakt, gespannt und geschnürt. An dieser Kette hingen je nach Vermögen und persönlichem Geschmack reichlich Silbertaler und Schmuckstücke. Eine weitere Zierde des Miedergeschnürs war der am Ende der Erbskette hängende silberne Schnürstift. Er wurde meist seitlich in das Geschnür gesteckt.

Das Gewand vervollständigte eine pastellfarbene, geblümte Damastseidenschürze, auch „Fürtuch" genannt. Über die Schultern wurde schließlich das helle, fransenverzierte und reinseidene Halstuch oder Miedertuch gelegt und vorne übereinandergeschlagen in das Mieder gesteckt. Den Hals zierte eine mehrreihige Kropfkette mit kunstvoll gearbeitetem Filigranschloß. Beliebte Kopfbedeckungen waren die Otterhaube, die goldene und silberne Riegelhaube und das schwarze Kopftuch.

Die Strümpfe wurden mit großer Kunstfertigkeit selbst gestrickt. Sie waren zweifarbig geringelt, längsgestreift oder auch einfarbig. Als Schuhwerk trug man rund ausgeschnittene, niedrige Lederhalbschuhe, Lederpantoffeln oder „Zeugstieferl" aus Segeltuch.

Der Hallertauer Bauer trug über seinem weißen Leinenhemd mit Halstuch oder „Bindl" eine in der Regel in Rottönen gehaltene oder schwarze Samtweste, auch „Schile" (Gilet) genannt, mit Blümchenmuster. Dieses Gilet war bis zum Hals zweireihig mit mindestens sieben bis acht eng aneinander liegenden Silbertalern oder „durchg'schlagenen" Knöpfen geschlossen. Am

Die Hallertauer Tracht in München bei der 100-Jahr-Feier der Trachtenvereine in Bayern

143

Hallertauer Festtagstracht. 2. Hälfte des 19. Jahrhunderts

144

Halsausschnitt hatte es einen schmalen Steh- oder Umlegekragen. Ihren Rand faßte rundum eine Gold- oder Baumwollborte ein. Das „Gilettascherl" für die kostbare, silberne Taschenuhr durfte nicht fehlen.

Als Hose trug man die sogenannte „Bockheiterne", eine enge, lange, schwarz gefärbte Hose aus Bockleder. Am Ende der „Hosenröhrl" waren Lederbändchen angenäht, die um die Fußknöchel gebunden wurden.

An den Füßen trug man selbstgestrickte Socken. Besonders augenfällig waren die schwarzen, langschaftigen Faltenstiefel, die sogenannten „Zieharmonikastiefel".

Das Hauptbekleidungsstück der Sonn- und Festtagstracht des Hallertauer Bauern war der Tuchrock, auch Braten- oder Leibrock genannt, aus braunem oder schwarzem Tuch. Die Schoßflügel waren etwas glockig geschnitten und hinten von der Hüfte ab offen. Der Rock reichte gut über das Knie. Er wurde meist offen getragen, war mit breiten Revers versehen und hatte an der Vorderseite 10–18 eng aneinander liegende, in leicht gebogener Form angeordnete Silbertaler oder „durchg'schlagene" Knöpfe aufzuweisen. Je zwei Knöpfe befanden sich auch an den Rockschößen und den Ärmeln.

Als Kopfbedeckung trug der Bauer einen schwarzen, runden Velourhut mit eingedrückten „Gupfen" und aufgebogener Krempe. In verschiedenen Gegenden war der Hut mit einer goldenen Schnur und zwei Quasten, die über den Hutrand hingen, verziert.

Diese wunderschöne Frauen- und Männertracht verlor leider mit dem Beginn des 20. Jahrhunderts ihre Bedeutung. Nichts dagegen hatte sich zu dieser Zeit an der Bedeutung des Sonntags für die Hallertauer geändert. Nach dem Kirchgang im Pfarrdorf saßen die Bauern im Wirtshaus zusammen und schlossen Geschäfte ab, wobei oftmals auch der Wirt die Rolle des Händlers für Vieh, Getreide, Düngemittel und Hopfenbaubedarf übernahm. Während ihre Männer beim Frühschoppen saßen, kauften die Frauen beim Krämer ein. Der Sonntag vormittag war also die Hauptgeschäftszeit in den Pfarrdörfern, die sich durch die wöchentliche Zusammenkunft der Kirchengemeinde, die übrigens größer als die politische Gemeinde war, zu kleinen Wirtschaftszentren entwickelten.

Der Mainburger Trachtenverein

145

Die Hallertauer Tracht in München bei der 100-Jahr-Feier der Trachtenvereine in Bayern

146

Hallertauer Festtagstracht

Um 1770 lebten die Hallertauer zum größten Teil in Holzblockhäusern. Die heute noch bestehenden großen Bauernhöfe aus Ziegel sind um die Jahrhundertwende und in den nachfolgenden Jahren entstanden. Typisch für ein Hallertauer Bauerngehöft ist die angebaute Hopfendarre. Alte Darrgebäude, in denen der Hopfen früher auf drei Hopfenböden luftgetrocknet wurde, gibt es heute fast nicht mehr. Nur in Steinbach bei Mainburg steht noch eine solche Darre mit ihren vielen Luftklappen. Man kann durchaus sagen, daß die Hallertau ihren eigenen Baustil entwickelte. Besonders typisch waren die kleinen Bauernhöfe, die aus einem einzigen, relativ niedrigen Haus und einem dazu quer gestellten Schuppen bestanden. Heute sind solche Häuser weitgehend „abgerissen oder in ihrer Bausubstanz so verändert worden, daß der ursprüngliche Charakter nicht mehr zu erkennen ist," so Dr. Hans Rieder, Erster Bürgermeister von Nandlstadt. Weiter erzählt er: „Wir haben hier ein altes Holzhaus gehabt, das als letztes 1933 abgerissen wurde … Das ist für mich schon ein kultureller Verlust."

Alte Hopfendarre in Steinbach

Nandlstadt

Der heutige Markt Nandlstadt wird erstmals in einer Schenkungsurkunde genannt. Am 13. März 815 erwarb der Hofkaplan Wago von Zolling von seinem Neffen Toto eine Siedlung (Kolonie), um sie der Domkirche zu Freising zu übergeben. In der Traditio (Schenkungsnotiz) heißt es: „… daß der Kapellan Wago von seinem Neffen namens Toto eine Kolonie neben dem Fluß, der Pfettrach heißt, an der Stelle, wo der Nandolwesbach in die Pfettrach mündet, erworben hat …" Nandolwesbach heißt Bach des Nandolf (kühner Wolf). Für „f" stand im zweiten Fall „w", das später wegfiel. Der Name lautete dann zunächst Nandolbach. Die Bachnamen im Pfettrachtal waren anfangs sowohl Gewässer- als auch Ortsnamen. Personennamen + bach sind typisch fränkische Namen für Rodungssiedlungen. Im Zuge der fränkischen Besiedlung des südbayerischen Raumes hielten auch fränkische Kirchenpatrone in Bayern Einzug, vor allem St. Martin. Mit der fränki-

schen St.-Martins-Feld-Kirche war gewöhnlich ein Johannes dem Täufer geweihtes Taufhäuslein verbunden. Das trifft genau auf Nandlstadt zu. Johannes der Täufer wurde sogar in das Wappen des späteren Marktes aufgenommen. Der ursprüngliche Name Nandolbach wandelte sich in Nandolstatt, was nicht ungewöhnlich ist, da in Franken „-statt"-Orte häufig auftreten. In der Hallertau dagegen ist außer Nandlstadt kein einziger „-statt"-Ort anzutreffen.

Noch zur Zeit Kaiser Ludwigs des Bayern (1314–1347) wurde die Gerichtsstätte (Schranne) der vormaligen Grafschaft Grünberg nach Nandlstadt verlegt. Nandlstadt wurde damit Sitz einer Schranne, Exekutionsstätte für das Hochgericht und Sitz eines Schergen. Die Einrichtung einer Exekutionsstätte war insofern ein Geschenk, als bei Hinrichtungen eine Menge Leute nach Nandlstadt kamen und wie bei einem Fest- oder Markttag Geld dort ließen.

Die Frage, ob Nandlstadt vor oder nach der Verlegung der Gerichtsstätte zum Markt erhoben wurde, läßt sich nicht eindeutig beantworten. Das erste erhaltene Marktsiegel mit dem Haupt Johannes des Täufers als Siegelbild und der Umschrift „Sigillum civium Nandolzstat" hängt an der Brandurkunde von 1374. Am 7. Mai 1386 bestätigte Herzog Friedrich von Niederbayern, ein Sohn von Herzog Stephan II., den Nandlstädtern die Marktrechte.

Nachdem um 1570 die Gerichtssitzungen in Nandlstadt auf zwei im Jahr beschränkt worden waren, ging die Bedeutung des Marktes zurück. Der Dreißigjährige Krieg beschleunigte seinen wirtschaftlichen Niedergang noch. Von 1726–1765 kämpfte die Verwaltung um die Erhaltung ihrer Marktprivilegien. Nach deren Aufgabe 1806 wurde der Markt 1818 in die Landgemeinden eingereiht.

Erst gegen Ende des 19. Jahrhunderts setzte eine neue Aufwärtsentwicklung ein. Infolge der Bereinigung der Forstrechte nach 1852 wurden die Güter im Markt aufgestockt, so daß Hopfen angebaut werden konnte. Das Recht, seinen Hopfen zu siegeln, erhielt Nandlstadt im Jahr 1862. Das Siegel trägt die Aufschrift: „Markt Nandlstadt in der Holledau mit den Landgemeinden Airischwand, Baumgarten und Figelsdorf". In der Gemeinde Baumgarten, die der Marktgemeinde Nandlstadt zugeteilt wurde, liegt das Dorf Gründl, in welchem schon um 860 ein Hopfengarten genannt wird. In Nandlstadt, dem südlichsten Siegelbezirk des Hallertauer

Ortskern mit Rathaus Nandlstadt

Kerngebiets, hat der Hopfenanbau seine große Bedeutung von früher mittlerweile verloren. Die Marktgemeinde hat eine Gesamtfläche von 3400 ha, wovon etwa 2700 ha landwirtschaftlich genutzt werden. Auf 90% dieser landwirtschaftlichen Nutzfläche wird Getreide und Mais angebaut und Veredelungswirtschaft wie Rinder- und Schweinezucht betrieben. Nur 10% entfallen heute auf den Hopfenanbau.

Während die Gemeindeteile Nandlstadts rein landwirtschaftlich geprägt sind, stellen im Ortskern mittelständische Industrieunternehmen und einige gesunde Handwerksbetriebe Arbeitsplätze. Trotz des Stellenangebots muß man Nandlstadt „etwas anders sehen als die anderen größeren Orte in der Hallertau," meint Bürgermeister Dr. Rieder. „Wir haben an die 3500 Einwohner und geben etwa 1500 Lohnsteuerkarten aus. Von den Arbeitnehmern sind mindestens 80% nach außen orientiert." Der Großteil der Nandlstädter

Arbeitnehmer pendelt also, und zwar vor allem nach Freising und München. Weitere Pendelziele sind Moosburg und Mainburg.

Nandlstadt entwickelte sich zu einer Wohngemeinde mit relativ hohem Wohn- und Freizeitwert. Um die Baulandpreise in einem vernünftigen Rahmen zu halten und die bestehende Infrastruktur nicht zu überlasten, weist die Marktgemeinde im notwendigen Umfang Neubaugebiete aus; darüber hinaus ist sie aber bemüht, die jährlich 80–100 Neusiedler in das „Geschehen der Gemeinde" zu integrieren. „… aus der Erfahrung heraus möcht' ich sagen, daß es ungefähr acht bis zehn Jahre dauert, bis sich ein Neubürger integriert fühlt, bis er sagt ‚ich bin a Nandlstädter' und nicht nur sagt ‚ich wohn' in Nandlstadt draußen'," so Dr. Rieder.

Dank der langjährigen Bemühungen des Altbürgermeisters Georg Seebacher ist Nandlstadt seit 1979 Kleinzentrum und kann seinen Einwohnern alle

Grundversorgungseinrichtungen wie eine gute ärztliche Versorgung und eine Grund- und Hauptschule, die erweitert wurde, bieten.

Wie in den übrigen zwölf Hallertauer Siegelbezirken wird auch in Nandlstadt das Vereinsleben gepflegt. 30 Vereine wurden hier gegründet, darunter natürlich auch Sportvereine, für deren Mitglieder und nicht organisierte Sportsfreunde gerade ein Sportzentrum errichtet wird. Das renovierte „Waldbad" und eine Sandbahn, auf der sogar internationale Rennen ausgetragen werden, vervollständigen die sportlichen Einrichtungen.

Nandlstadt steht in unmittelbarer Verbindung mit dem Theaterstück „Der Hollerdauer Schimmel" von Alois Johannes Lippl, das auf die ehemalige Leidenschaft der

Hallertauer, das Pferdestehlen, und ihre Sturheit zu jener Zeit anspielt:

Einige Hallertauer Burschen hatten wieder einmal einen Schimmel gestohlen und wurden von der strengen Obrigkeit verfolgt. Um das Pferd nicht ausliefern zu müssen, versteckten sie es in einer kleinen Kapelle (noch heute streiten sich verschiedene Orte um die echte Schimmelkapelle). Die Burschen wurden in Nandlstadt inhaftiert. In der Eile hatten sie aber vergessen, dem Tier Futter zu geben, so daß es hilflos verhungern mußte. Um aber nicht zugeben zu müssen, daß sie den Schimmel jämmerlich haben sterben lassen, warfen sie dem verhungerten Tier nach ihrer Freilassung einige Büschl Heu vor.

Nandlstadt

Blick auf den Ortskern von Nandlstadt

Hopfengarten am Ortsrand von Nandlstadt

Speedwaybahn mit internationalen Rennen

Bauernhof in Wadensdorf

Wochesland, südöstliche Hallertau

Der Behauptung, die Hallertauer seien dickschädlig, stur und verschlossen, kann man heute unter keinen Umständen mehr beipflichten. Im Gegenteil! Der Hallertauer ist zwar bodenständig und traditionsbewußt, aber in gleichem Maße freundlich, hilfsbereit, kommunikationsfreudig und weltoffen. Er ist fleißig, aber nicht hektisch, bestimmt, aber nicht mehr und nicht weniger dickschädlig als jeder Bayer. Immer wieder kommt sein urwüchsiger, eigentümlicher Humor zum Vorschein. Das beweist das „Holledauer Lied", in dem ein unbekannter Verfasser den waschechten Hallertauer und seine Heimat in treffenden, ulkigen Versen besingt:

O heiliger Sankt Kastulus
Und unsa liabe Frau,
Oes werdt's uns ja wohl kenna,
Mir san aus da Holladau.
Gestern san uns neuni g'wen,
Heut' san uns sched no drei,
Die andern san beim Schimmelstehl'n,
Maria, steh ea bei.

Z'Nandlstadt, da steht a Galg'n,
dös is a Moastastuck
Doch wer koa Holladauer is,
Der geht glei' wieder z'ruck.
Dieweil der Kaiser hat ihn grad
Den Nandlstädtern g'schenkt.
Drum wer koa Holladauer is,
Der wurd a dran net g'hengt.

Z'Wolnza hab'ns a Pflasta kriagt,
Dös is a Rarität.
Nur wia ma junge Stoana ziagt,
Grad dös verstehnas net.
Drum laufas in der Welt herum,
Und suacha Stoana z'samm.
Sie schaug'n se blind und holbat dumm,
Ob's n recht'n Sama ham.

Die Moosburger san rari Leut,
Sie ham gnua Bier und Geld,
Und führ'n a Leb'n voll Herrlichkeit
Wia d' Marder auf der Welt.
Sie hab'n den Schlüssel in da Hand
Zur ganzen Holladau;
Drum frag ma z'Moaburg umanand:
Wißt's ös 'n Weg nach Au?

Z' Au da hab'ns an ihrem Schloß
Grad vierunddreiß'g Jahr baut, (1544–1578)
Dieweil sie koana mit sei'm Roß
A Fuhr hat z'macha traut.
Denn d' Schimmel san gar teuer wor'n,
Seit da letzte is verreckt,
Und d' Kircha is abbrocha wor'n,
Wo s'n eini ham versteckt.

Um oans no hat ma' oft scho g'fragt:
„Wia groß is d' Holladau?"
Doch drauf hat ma' gewöhnli' g'sagt:
„Dö Frag', dö is mir z' schlau."
I moanat halt es war a Haus,
Dös viel Narr'n fassen kann,
Und d'Holladau geht dorten aus,
Wo dö Gscheidten fangen an.

Doch will enk sag'n: Wer Hopfen baut
Zehn Meilen weit um Au,
Der schreit, was er no ko so laut:
„I g'hör zur Holladau."

O heiliger Sankt Kastulus,
Um wos i di' no' bitt:
Um einmalhunderttausend Guld'n,
Und bring' mir's no' glei' mit!
Um einmalhunderttausend Guld'n
Und no' amol so viel,
Und alle Tag a bessas Bier,
'n Himmel wann i will.

Literaturhinweise

Dr. Albert Pfleiderer: Das Kulturgeographische Bild der Hallertau. Öhringen 1936. Verlag der Hohenloheschen Buchhandlung, Ferdinand Rau.

M. Pahlow, Apotheker: Das große Buch der Heilpflanzen. München, Gräfe und Unzer Verlag.

Geheimnisse und Heilkräfte der Pflanzen. Zürich – Stuttgart – Wien, Verlag das Beste.

Knorr/Kremkow: Chemie und Technologie des Hopfens. Nürnberg, Verlag Hans Carl.

Lorenz Kettner: Hallertauer Hopfenbau, Geschichte und Gegenwart. Mainburg 1976, Pinsker Verlag.

Hans Ludwig Held: Maria – Fried. Roman aus der Holledau. München – Leipzig 1910, Hans Sachs Verlag.

Emmi Böck: Sagen aus der Hallertau. Mainburg 1975, Pinsker Verlag.

Josef Brückl: Die Straße war ihr Schicksal, (Deutsche Hopfenstraße). München 1970, Eigenverlag des Verfassers.

Johannes Turmair: Sämtliche Werke. München 1881, K. Akademie der Wissenschaften.

M. Kirschner: Hallertauer Schmunzel-Geschichten. Pfaffenhofen 1973, Ilmgau Verlag.

Franz Xaver Osterrieder: Land der Kindheit und Jugend. Abensberg 1931, Beilagen des Hallertauer Generalanzeigers.

Rita Multer: Liebe mich mit treuem Sinn. Pfaffenhofen 1980, W. Ludwig Verlag.

Roth/Schlaich: Bayerische Heimatkunde. München 1974, Süddeutscher Verlag.

Dr. A. Voelske/Dr. R. H. Tenbrock: Zeiten und Menschen Band 1. München 1967, Blutenburg-Verlag.

Prof. Dr. Oswald Muris: Hansa Universal-Atlas. Baden-Baden 1958, Pfahl-Verlag.

Paulinus Fröhlich: Wolnzach/Chronik. Wolnzach 1980, Markt Wolnzach.

Ludwig Zehetner: Die Mundart der Hallertau. Marburg 1978, N. G. Elwert Verlag.

Dr. Sebastian Hiereth/OSTR Siegfried Massier: Geschichte des Marktes Nandlstadt. Nandlstadt 1981, Markt Nandlstadt.

Heinrich Streidl: Stadt Pfaffenhofen a. d. Ilm. Pfaffenhofen 1979, W. Ludwig Verlag.

Johann Schmid: Geschichte des Marktes Au i. d. Hallertau. Kaufbeuren 1908, C. Frank Verlag.

Peter Pfister: Das Kollegiatstift Ilmmünster. Pfaffenhofen 1981, W. Ludwig Verlag.

Franz Prinz zu Sayn-Wittgenstein: Schlösser in Bayern. München 1972, C.H. Beck Verlag.

Hans Ulrich Nuber: Ausgrabungen in Bad Gögging. Landshut 1980, Verlag: Bezirk Niederbayern.

Josef Reindl: Bad Gögging/Geschichte und Führer. Bad Gögging, Verlag: Gemeinde.

Paul Reinecke: Mainzer Aufsätze zur Chronologie der Bronze- und Eisenzeit. Bonn 1965, Rudolf Habelt Verlag.

Morton/Friedrich: Hallstatt und die Hallstattzeit. Hallstatt 1953. Hollerdauer Nachrichten. Landshut 1956.

Ulrike Wels: Die Anhänger und Halsringe in Südwestdeutschland und Nordbayern. München 1978.

Gaius Julius Cäsar: Der Gallische Krieg. Stuttgart, Reclam Verlag.

Harald Koschik: Vorgeschichte 1. Führer. Prähistorische Staatssammlung München 1977, Süddeutscher Verlag.

Hans Peter Uenze: Vorgeschichte 2. Führer. Prähistorische Staatssammlung, München 1978, Süddeutscher Verlag.

H. F. Nöhbauer: Die Bajuwaren. München/Zürich 1979, Droemer Knaur.

P. Dr. Johannes Zeschick: Benediktinerabtei Rohr. München/Zürich 1982, Verlag Schnell und Steiner

Karl Bosl: Bayerische Geschichte. München 1976/1980 dtv/List Verlag.

Gerhard Grimm: Bayerische Geschichte. München 1982, TR-Verlagsunion.

Deutscher Brauerbund: 15. statistischer Bericht 1983. Bonn 1983, Deutscher Brauerbund. Unser Landkreis Neuburg-Schrobenhausen. München 1981, Nord-Süd Werbung GmbH. Landkreis Landshut. Landshut, Landratsamt. Der Landkreis Kelheim. Informationen + Prospekte in Mappe, Landratsamt Kelheim.

Bayerisches Landesvermessungsamt München: Topographische Karte 1:50 000. Mainburg, L 7336.

Bayerisches Landesvermessungsamt München: Topographische Karte 1:50 000. Pfaffenhofen a. d. Ilm L 7534.

Bayerisches Landesvermessungsamt München: Topographische Karte 1:50 000. Rottenburg a. d. Laaber L 7338.

Bayerisches Landesvermessungsamt München: Topographische Karte 1:50 000. Freising L 7536

Bayerisches Landesvermessungsamt München: Topographische Karte 1:50 000. Ingolstadt L 7334.

Bayerisches Landesvermessungsamt München: Topographische Karte 1:100 000. Ingolstadt C 7534.

Bayerisches Landesvermessungsamt München: Topographische Karte 1:100 000. Landshut C 7538.

Bayerisches Landesvermessungsamt München: Topographische Karte 1:100 000. Kelheim C 7134.

Landkreis Pfaffenhofen: Kreis Pfaffenhofen. Land + Leute. Pfaffenhofen a. d. Ilm 1974, Ilmgau Verlag.

– Sagen und Geschichten aus der südlichen Hallertau.

Dr. Walter Bücheler: Bier und Bierbereitung (in den frühen Kulturen und bei den Primitiven), Berlin 1934, Gesellschaft für die Geschichte und Bibliographie des Brauwesens.

Prof. Wilhelm Stepp: Bier, wie es der Arzt sieht. München 1954, Verlag Carl Gerber.

Nils von Hofsten: Bog Myrtle and other substitutes for hops in former times A.-B. Lundequistska Bokhandel, Uppsala, Ejar Munksgaard, København.

Bayerland: Die Hallertau. Ausgabe Nr. 6/1978. München, Münchner Buchgewerbehaus.

Bayerisches Landesvermessungsamt München: Topographische Karte 1:100 000. Neuburg a. d. Donau C. 7530.

Dr. Phil. Georg Völkl: Kirchdorf, eine Pfarreigeschichte aus dem Ampertal. Freising 1931, Historischer Verein Freising.

Alfred Weitnauer: Keltisches Erbe in Schwaben und Baiern. Kempten 1961, Verlag für Heimatpflege.

Prof. Ferdinand Birkner: Ur- und Vorzeit Bayerns. München 1936, Verlag Knorr und Hirth GmbH.

Oskar Kuhn: Geologie von Bayern. München 1964.

Landkreis Pfaffenhofen: Unser Landkreis Pfaffenhofen a. d. Ilm. Pfaffenhofen a. d. Ilm 1981, W. Ludwig Verlag.

Hermann Dannheimer: Frühes Mittelalter. Prähistorische Staatssammlung, München 1976, Süddeutscher Verlag.

Hans Detter: Mainburgs Heimatgeschichte. Mainburg 1974, Pinsker Verlag.

– Geschichte des Marktes Pfeffenhausen.

– Rottenburg a. d. Laaber. Festschrift zur Stadterhebung, Rottenburg 1971.

– Veste Rottenburg. Festfolge der 700-Jahr-Feier am 14. 7. 1957. Verlag Rottenburger Anzeiger.

Amtsrat Hans Strauß: Geisenfeld – Hallertau. Vorstellung der Stadt Geisenfeld 1982. Verlag: Stadt Geisenfeld.

Johann Schmid: Kriegsgeschichten aus Au i. d. Hallertau und Umgebung.

Wilhelmine Böhm/Ernst Deuerlein: Die Welt im Spiegel der Geschichte. München 1960, Bayerischer Schulbuch-Verlag.

Johannes Turmair: Bayerische Chronik. Auszug – Bearbeitet von Georg Leidinger. Verlag: Eugen Diederichs, Jena 1926.

Karl Ruppert: Bedeutung des Weinbaus in Bayern und seiner Nachfolgekulturen. Münchener Geographische Hefte, Heft 19. Verlag Michael Lassleben, Kallmünz/Regensburg 1960.

Sigmund Riezler: Geschichte Baierns/Zweiter Band. Verlag Friedrich Andreas Perthes, Gotha 1880.

Dr. D. Anton Stonner: Die deutsche Volksseele im christlichen deutschen Volksbrauch. Verlag: Josef Kösel/Friedrich Pustet, München 1935.

Eberhard Dünninger: Johannes Aventinus, Leben und Werk des bayerischen Geschichtsschreibers. Verlag: Rosenheimer Verlagshaus, Alfred Förg, Rosenheim 1977.

Johannes Goldner/Wilfried Bahnmüller: Bayerisches Bier. Pannonia-Verlag / D-8228 Freilassing, 1983.

Dr. Max Stoll/Dr. Hans Karlinger: Leben und Arbeit in Bayern. Carl Koch Verlag/ Nürnberg 1926.

Fritz Schmid: Markt Siegenburg. Vergangenheit und Gegenwart. Siegenburg 1982, Markt Siegenburg.

Franz X. Burgmayer: Markt Langquaid. Langquaid 1980, Markt Langquaid.

Hubert Faering: Kulturhistorisches über den Hopfen, München, Chem. Fabrik J. Blaes & Co. G.M.B.H.

Peter Leuschner: Romanische Kirchen in Bayern. Pfaffenhofen 1981. W. Ludwig Verlag.

Einige Fotos wurden uns freundlicherweise zur Verfügung gestellt von:

Archiv Landratsamt Pfaffenhofen
33, 112 o., 141

Archiv W. Ludwig Verlag
147

Marcus Busler
140 u.

Deutscher Brauerbund
21, 27

Werner Franz
106 o.

Willy Hailer
106 u.

Gustav Klewar
105

Heinz Leuschner
18, 19

Dr. Traugott Scherg
112 u., 113

Petra Schramek
94

Autobahndirektion Südbayern
(Luftaufnahmen: Foto Schneider Passau)
65

Wir danken für das Abdruckrecht

Luftaufnahmen sind zur Wiedergabe freigegeben durch die Regierung von Oberbayern unter Nr. GS 300/8808-81

Luftaufnahmen auf Seite 65 freigegeben durch die Regierung von Oberbayern unter Nr. GS 300/182/87

Dankbar sind Verlag und Autor allen Beteiligten, die geholfen haben, dieses Porträt der urbayerischen Landschaft Hallertau zu verwirklichen.

Besonderer Dank gilt …
…den Bürgermeistern der 13 Hopfensiegelorte, den Hopfenhandelshäusern Joh. Barth & Sohn und Fromm, Mayer – Bass, dem Paulinerkloster in Mainburg, den Klöstern Rohr und Scheyern sowie Herrn Fritz Angrüner, Herrn Anton Freiherr von Cetto, Herrn Johann Ertlmeier, Herrn Konrad Fahmüller, Frau Rosi Grassl, Herrn Bernhard Greil, Herrn Leo Höfter, Alois Kirmaier, Raimund Mitterhuber, Rudolf Obermeier, Margit Rockermeier, Georg Roßbauer, Georg Seebacher, Anton Sternecker, Hans Strauß, Theodor Thienel und Frau Magdalena Wimmer.

Abensberg

Au

Langquaid

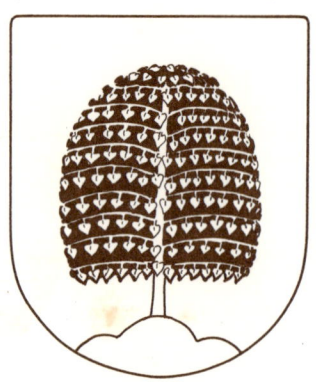

Mainburg

Pfeffenhausen

Rottenburg